데일 카네기
행복의 연금술

전 세계 수천만 독자의 삶을 바꾼

데일 카네기
행복의 연금술

• 데일 카네기 지음 | 이동연 편역 •

평단

부자보다는 행복한 사람이 돼라

나는 이 책을 쓰기 위해 7년 전부터 준비했다. 그동안 나는 모든 시대의 철학자들이 고민에 대해 말한 것들을 읽었다. 또 공자에서 처칠에 이르기까지 각계각층의 수많은 인물들의 전기도 읽어 보았다. 게다가 잭 뎀프시, 오마르 브래들리 장군, 마크 클라크 장군, 헨리 포드, 엘리너 루스벨트 그리고 도로시 딕스와 같은 여러 방면의 저명한 사람들과도 인터뷰를 했다. 그러나 이것은 시작에 불과했다.

또한 나는 유명 인사들과 회견을 하거나 독서보다도 더 중요한 일을 했다. 즉 성인 강좌라는 연구소에서 5년간 고민을 해결하는 방법을 연구한 것이다. 내가 알기로 이곳은 고민을 해결하는 곳으로는 세계 최고이자 유일한 곳이었다. 나는 수강생들에게 고민을 해결하는 방법으로 몇 가지 원칙을 알려주고, 그 원칙을 자신의 생활에 적용시킨 다음에, 그 결과를 수업 시간에 발표하게 했다. 자신이 과거에 사용한 방법에 대해서 보고하는 수강생들도 있었다. 나는 이러한 경험을 통해 어떻게 고민을 극복했는지에 대한 이야기를 누구보다 폭넓게 들을 수 있었다.

프랑스의 철학자이자 시인인 발레리는 "과학은 성공한 처방의 집대성이다"라고 말했다. 이 책도 그런 것이다. 생활의 괴로움을 해소하기 위한 효과가 확실한 처방의 집대성이다. 여러분은 이 가운데에서 무엇인가 색다른 것을 찾아내지 못할지도 모르지만 분명 일반적으로 응용되지 않는 여러 가지 것을 발견할 것임에 틀림없다. 그렇다고 해서 우리가 무언가 새로운 것을 이야기할 필요는 없다.

우리는 이미 완전하고 행복한 생활을 유지하기 위해 필요한 것은 알고 있다. 예수의 산상수훈을 비롯하여 수많은 황금률, 즉 남에게 대접받고 싶다면 먼저 대접하라 등과 같은 교훈을 이미 잘 알고 있다. 그러나 문제는 우리가 해답을 모르는 데 있는 것이 아니라 실천하지 않는 데 있다.

이 책의 목적은 고대로부터의 기본적인 진리를 다시 보여 주어 당신을 자극하고 직접 행동하게 하는 데 있다. 지금 여러분은 이 책이 어떻게 씌어졌다는 것을 알기 위해 이 책을 손에 든 것은 아닐 것이다. 무언가 좀더 현실에서 활용 가능한 방법을 구하고 있을 것이다.

자, 그렇다면 이제부터 시작해 보자. 고민을 해결하고 인생을 즐기는 그 어떤 새로운 힘과 영감을 얻지 못한다면 이 책을 쓰레기통에 던져 버려도 좋다.

데일 카네기

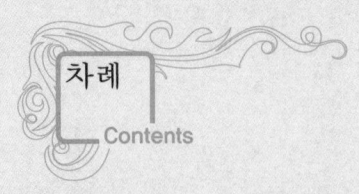

프롤로그_ 부자보다는 행복한 사람이 돼라 4

제1장 걱정에서 벗어나는 법

01_ 오늘 하루를 충실히 살아라 12

인생을 변화시킨 한 마디 12 | 평범한 의학도에서 세계적인 의학자로 거듭난 윌리엄 오슬러 경 13 | 오직 오늘의 양식만 구하라 15 | 한마디 충고로 인생을 변화시킨 군인 17 | 죽음의 문턱에서 삶의 희망을 발견한 여자 19

02_ 걱정을 해결하는 마법의 공식 23

캐리어의 고민 해결 공식 23 | 에어컨 회사 캐리어 설립자의 고민 해결법 23 | 당면한 문제에만 집중하라 26 | 최악의 상황을 인정하라 27 | 사기꾼으로부터 회사를 지켜낸 사업가 28 | 최악의 상황을 좋게 만들어라 30 | 걱정을 내려놓고 불치병을 고친 하네 씨 30

03_ 만병의 근원 '걱정병' 35

걱정, 당장 멈춰라 35 | 걱정이 낳은 그랜트 장군의 두통 39 | 걱정과 싸울 줄 모르는 사람은 일찍 죽는다 41 | 암과 싸워 이긴 올가 자베이 45 | 걱정을 극복하는 3가지 기본 법칙 47

제2장 고민을 해결하는 법

01_ 고민의 원인을 파악하라 50

고민 해결을 위한 3단계 공식 50 | 처음부터 해답을 얻으려 하지 마라 54 | 현실 직시로 최악의 상황을 호전시킨 갈렌 리치필드 54

02_ 업무상 고민을 반으로 줄이는 비결 60

효율적인 회의를 하라 60 | 과감한 개혁으로 회의 시간을 단축시킨 레온 쉼킨 61 | 스스로 답을 찾아라 63 | 미국 최고 보험 왕이 된 사나이 63 | 걱정 속 시원하게 해결하는 법 66

제3장 비평에 의연하게 대처하는 법

01_ 죽은 개를 걷어차는 사람은 없다 68

비판에 의연하게 대처하라 68 | 탐험가 피어리 장군에 대한 모함 71 | 북군의 영웅 그랜트 장군의 굴욕 72

02_ 부당한 비판에 상처받지 않는 법 74

그냥 웃어 주어라 74 | 자신의 일에 최선을 다하라 77

03_ 실수에 담대해지는 법 80

실수하면 반드시 피드백을 하라 80 | 비난에 대해 스스로를 변호하지 마라 83 | 부당한 비평에 고민하지 않는 법 86

제4장 항상 활기차게 사는 법

01_ 휴식으로 하루에 한 시간을 더 창조하라 88

피로해지기 전에 휴식을 취하라 88 | 적당한 휴식으로 시간을 절약한 사나이 92

02_ 무엇이 사람을 피로하게 만드는가? 94

피로를 유발하는 3대 원인 94 | 건강을 위해 좋은 습관을 길러라 96 | 몸을 편안하게 만드는 4가지 방법 98

03_ 피로와 고민을 예방하는 4가지 업무 습관 100

좋은 습관 1: 당면한 업무와 관련 없는 서류는 전부 정리한다 100 | 좋은 습관 2: 중요도에 따라 우선순위를 정해 처리한다 102 | 좋은 습관 3: 무슨 일이든지 즉시 해결한다 103 | 좋은 습관 4: 권한 위임, 지휘 감독, 조직화하는 방법을 배운다 104

04_ 피로, 걱정 그리고 분노의 주범, 권태를 물리치는 법 106

권태, 또 하나의 대표적 피로 원인 106 | 어차피 할 일이라면 즐겁게 하라 107 | 백수에서 그 분야 최고가 된 하워드 108 | 즐겁게 일해서 성공한 뉴스 해설가 칼텐본 109

05_ 걱정병의 동반자, 불면증 112

수면에 대한 고정관념을 깨라 112 | 모든 걱정에서 무장해제하라 115 | 매순간 활기차게 사는 6가지 법칙 118

제5장 고민을 하기엔 인생은 너무 짧다

01_ 바쁘게 살면 고민할 겨를이 없다 122

깊은 고통에서 벗어나는 법 122 | 두 딸을 잃은 슬픔을 일을 통해 떨쳐낸 아버지 122 | 바빠서 고민할 시간이 없었던 윈스턴 처칠 124 | 걱정병 처방 1: 바쁘게 살아라 125 | 걱정병 처방 2: 자신을 잊을 정도로 일에 몰두하라 127 | 외아들을 군대에 보내고 불안해하던 어머니 129 | 고민은 습관 병이다 132 | 고민이 습관이 된 통조림 회사 직원 132

02_ 시시하게 살기엔 인생은 너무 짧다 136

사소한 일로 넘어지지 마라 136 | 극한 상황에서 소중한 삶을 되찾은 로버트 무어 씨 136 | 유쾌한 인생관을 가져라 139

03_ 평균율 법칙을 따르라 144

걱정의 99%는 실제로 일어나지 않는다 144 | 보험, 인간의 지나친 고민을 이용한 돈벌이 146 | 작은 고민이 인생을 망친다 147

04_ 피할 수 없다면 받아들여라 151

달을 보고 울지 마라 151 | 우리에게는 또 하나를 선택할 자유가 있다 152 | 사랑하는 사람을 잃은 슬픔에서 벗어난 이야기 153 | 모든 것은 마음먹기에 달렸다 155 | 버드나무처럼 휘고 떡갈나무처럼 저항하지 마라 157

05_ 걱정에 대해 손실정지 명령을 내려라 162

월가에서 돈 버는 비결 162 | 일확천금을 꿈꾸다 빈털터리가 된 투자 상담가 162 | 손실정지 명령으로 세계 최고의 비전 전문가가 된 카네기 165 | 사소한 잘못으로 절교하게 된 길버트와 설리번 166 | 호루라기에 비싼 대금을 치르지 마라 168 | 50년간 지옥 같은 결혼생활을 한 톨스토이 170

06_ 쏟아진 우유는 다시 담을 수 없다 173

과거의 것은 빨리 잊을수록 좋다 173 | 과오를 철저히 분석하여 교훈으로 삼아라 174 | 쏟은 우유는 다시 담을 수 없다 175 | 톱밥을 켜지 마라 177 | 걱정이 습관이 되기 전에 물리치는 법 181

제6장 참다운 행복을 얻는 법

01_ 유쾌하게 생각하고 행동하라 184

생각이 운명을 결정한다 184 | 패배 앞에서도 항복하기를 거부한 로웰 토머스 185 | 알았다면 즉각 행동하라 187 | 신념의 마력을 믿은 메리 베이커 에디 여사 187 | 걱정의 원인은 우리 내면에 있다 190 | 온갖 걱정으로 걱정병에 걸린 사나이 190 | 생각하는 대로 이루어진다 194 | 오늘만은 이렇게 지내라 197

02_ 원수를 사랑하고 축복하라 200

원수를 용서하라 200 | 부드러운 답변은 노여움을 푼다 202 | 감사 편지를 써서 취직에 성공한 변호사 202 | 싫은 사람 생각에 단 1분도 허비하지 마라 204 | 비난받을 때는 링컨처럼 하라 207

03_ 대가를 바라지 마라 210

감사 인사를 기대하지 마라 210 | 대가를 바라면 고민의 원인이 된다 212 | 남을 도와주고도 욕먹은 찰스 슈왑 212 | 오직 친절을 베푸는 것에서 기쁨을 누려라 214 | 감사는 가정교육에서 길러진다 216 | 진정한 감사는 깊은 사랑에서 나온다 217

04_ 지금 자신이 가진 것에 감사하라 219

도대체 무엇을 걱정하는가? 219 | 힘들 땐 더 어려운 사람을 보라 219 | 가진 것에 충분히 감사하라 221 | 몰락으로 치닫던 불평가 존 팔머 씨 223 | 원하는 것을 소유하고 가진 것은 즐겨라 226

05_ 자기 자신이 되어라 229

스스로를 세상에서 가장 귀하게 여겨라 229 | 남과 비교하며 평생을 우울증에 시달렸던 부인 229 | 세상은 가짜와 모조품을 원하지 않는다 231 | 약점을 강점으로 바꾼 미국 최고의 가수, 캐스 달리 233 | 절대 우리는 다른 사람이 될 수 없다 235 | 인생의 오케스트라에서 나의 악기를 연주하라 236

06_ 레몬이 있으면 레몬주스를 만들어라 241

가장 좋은 일은 가장 힘들게 찾아온다 241 | 생각을 변화시켜 삶을 바꾼 여자 242 | 발상의 전환으로 기회를 잡다 244 | 장애를 딛고 국무담당관이 된 벤 포트슨 246 | 무학으로 뉴욕 주 의원이 된 앨 스미스 248 | 하나의 현이 끊어지면 남은 세 현으로 연주하라 249

07_ 14일 만에 끝내는 우울증 해소법 253

친구를 얻는 법을 배워라 253 | 외톨이에서 친구 부자가 된 버튼 씨 253 | 남을 위해 봉사하라 257 | 목적이 이끈 아름다운 삶을 산 프랭크 루프 박사 257 | 하루에 한 가지 선행을 실천하라 258 | 선행으로 남편을 잃은 슬픔에서 벗어난 여자 259 | 남을 돕고 사랑할 때 우리도 치유될 수 있다 261 | 남을 돕다가 병이 완쾌된 예이츠 부인 262 | 행복한 이기주의자가 돼라 263 | 남에게 기쁨을 주는 일을 계획하라 266 | 상대방에게 관심을 가져 청혼에 성공한 소녀 266 | 당장 시작하라 267 | 행복한 나를 위한 7가지 비결 269

제1장

걱정에서 벗어나는 법

DALE CARNAGIE

01 오늘 하루를 충실히 살아라

지금 그대가 해야 할 일이 있다면 그것은 미래의 희미하고 불확실한 일을 걱정하기보다 눈앞에 펼쳐진 확실한 것에 집중하는 것이다.

인생을 변화시킨 한 마디

1871년 화창한 어느 봄, 한 청년이 몹시 끌리는 책 한 구절을 발견했다. 마음에 새겨진 이 구절 덕분에 그의 삶은 엄청난 변화를 겪게 되었다.

당시 몬트릴 종합병원의 의학생이었던 그는, 졸업 시험을 앞두고 자신의 불확실한 미래에 대한 걱정으로 극도의 스트레스를 받고 있었다.

과연 졸업 시험에 합격할 수 있을지, 합격하면 무엇을 해야 하고, 어디로 갈 것인지, 어떻게 개업해야 하고, 생활은 어떻게 꾸려 나가야할지 걱정이 태산 같았다.

다행히 이 청년은 마음이 꼬리에 꼬리를 무는 생각의 소용돌이에 휩싸여 있을 때도 마음속에 깊이 새긴 마법 같은 한 구절 덕분에 당대에 가장 추앙받는 의학자로 거듭날 수 있었다. 세계 최고 존스 홉킨스의대를 설립했고, 당시 영국 의학계에서 최고의 권위를 자랑하는 옥스퍼드 의과대학의 명예교수를 역임했으며, 영국 왕실에서 기사 작위를 받았을 뿐만 아니라 사후에는 1,466쪽에 달하는 방대한 두 권의 전기를 출간했다.

그 주인공은 바로 윌리엄 오슬러 경이다. 그가 1871년 봄에 읽은 구절은 다음과 같았다.

'지금 우리의 중요한 임무는 희미하고 불확실한 미래의 일을 걱정하기보다 당장 눈앞에 펼쳐진 확실한 일에 집중하는 데 있다.'

그로부터 42년 뒤, 윌리엄 오슬러 경은 튤립이 교정에 만발한 어느 봄날 저녁에 연설을 하게 되었다. 그는 그 자리에서 자신이 4개 대학교의 교수로 활동하고 있고, 유명한 책을 저술했기 때문에 사람들이 자기를 특별한 두뇌를 가진 사람처럼 생각할지 모르지만, 사실은 친구의 말처럼 가장 평범한 두뇌를 가진 사람일 뿐이라고 했다.

✚ 평범한 의학도에서 세계적인 의학자로 거듭난 윌리엄 오슬러 경

지극히 평범한 두뇌를 가진 의학도였던 윌리엄 오슬러 경이 세계적인 의학자로 거듭날 수 있었던 비결은 무엇일까? 그것은 언제나 하루하루를 충실하게 산 것에 있었다. 이 말은 과연 무슨 뜻일까?

예일대학교에서 연설하기 2, 3개월 전 윌리엄 오슬러 경은 대형 여객선을 타고 영국에서 대서양을 건너 미국으로 갔다. 그 여객선은 단추 하나만 누르면 배의 각 부분이 차례로 닫혀 방수실이 되도록 건조된 것이었다. 오슬러 경은 그 배를 예로 들며 예일대학교 학생들에게 다음과 같은 연설을 시작했다.

"여러분 모두는 이 여객선보다 훨씬 잘 만들어진 몸과 긴 항해에 적합한 자기만의 배 한 척을 가지고 있습니다. 자동화 시스템을 갖춘 이 여객선과는 비교도 할 수 없을 만큼 훨씬 더 정교하게 만들어진 '몸과 마음'이란 배가 바로 그것입니다. 여러분은 바로 이 배를 타고 지금부터 멀고 긴 인생이란 항해를 하게 될 것입니다. 만약 좀더 안전하게 항해하고 싶다면 정교하게 배를 구성하고 있는 각 영역처럼 여러분도 반드시 인생에서 '오늘'이라는 구획을 명확히 지어 놓고 살아갈 수 있는 기계 조작법을 배우십시오.

선교船橋에 올라가 보면 배를 움직이는 모든 기관이 질서정연하게 배열되어 있는 것을 볼 수 있을 것입니다. 거기서 과감하게 단추를 누르십시오. 그러면 여러분의 '과거'라는 육중한 철문이 굳게 닫히는 소리를 듣게 될 것입니다. 그런 다음 또 다른 단추를 누르십시오. 그 단추는 모든 기계를 작동시켜 '미래'라는 아직 여러분의 눈앞에 펼쳐지지 않은 '내일의 커튼'을 닫게 해줄 것입니다. 그렇게 할 때 비로소 여러분의 '오늘'은 안전할 수 있습니다.

'과거라는 방'을 과감하게 닫아 버리십시오. 지나간 일들은 과거로 묻어 두십시오. 내일과 어제의 짐까지 모두 지고 오늘을 가려한다면 아무리 강한 사람이라도 얼마 못가서 쓰러지기 때문입니다. 그러므로 미래나 과거는 무조건 닫아 버리십시오. 나를 구하는 것은 오직 '오늘'뿐입니다. 미래란 오늘을 의미하지 내일이 아닙니다. 정력 낭비, 정신적

고뇌, 번민 따위는 미래에 대해 걱정하는 사람에게만 붙어 다니는 것입니다.

그러므로 여러분은 이 순간부터 과거와 미래라는 앞뒤의 문을 굳게 잠그고, 오직 '오늘'에만 집중하여 충실히 생활하는 습관이 몸에 배도록 하십시오."

오직 오늘의 양식만 구하라

오슬러 경의 '오늘을 충실히 살라'는 말은 내일에 대해 아무런 대비를 하지 말라는 뜻일까? 물론 아니다. 내일을 준비하는 가장 훌륭한 방법으로 오늘 당장 주어진 일을 완수하는 데 모든 지성과 열정을 쏟아 부으라는 말이다. 이것이야말로 진정으로 내일을 준비하는 유일한 방법이기 때문이다. 오직 현재에 충실할 때만이 과거에 집착하지 않을 수 있고, 삶에 후회하지 않으며, 다가올 미래에 대한 걱정도 사라져 순간순간을 온전히 살아갈 수 있다.

'오늘 우리에게 일용할 양식을 주시옵소서!'

이 문장은 기독교의 '주기도문' 가운데 한 구절이다. 오슬러 경은 평소 사람들에게 하루를 이 성경 구절을 외우는 것으로 시작하라고 당부했다. 이 기도는 오직 오늘의 양식만을 구하고 있다. 그것은 어제 먹었던 묵은 빵에 대한 불평불만이 아니다. 물론 다음과 같은 말을 하고 있는 것도 아니다.

"오, 하나님! 요즘 비가 내리지 않아 밀밭이 메말라 갑니다. 만약 이 상황이 지속된다면 분명 가뭄이 들 것입니다. 그렇게 되면 내년 식량은 어찌됩니까? 또 만약 제가 어느 날 일자리를 잃게 된다면 당장 먹을 양식은 어떻게 마련해야 하나요?"

이 기도는 오직 '오늘 먹을 양식을 주십사!'라고 기도해야 한다는 사실을 가르쳐 주고 있다. 오늘의 빵이야말로 우리가 먹을 수 있는 유일한 빵이다. 이 성경 구절처럼 말이다.

"내일 일어날 일을 미리 걱정하지 마라. 내일 일은 내일에 맡겨라. 오늘 하루의 수고는 오늘로서 이미 충분하다."

많은 사람들은 예수의 이 말을 한낱 이상론이나 동양의 신비주의 사상 따위로 간주하여 이렇게 반론을 제기할 수 있다.

"어떻게 내일을 걱정하지 않을 수 있습니까? 가족을 보호하기 위해 보험을 들어야 하고, 노후를 대비해서 저축을 해야 하며, 출세를 위해 미리미리 계획을 세우고 준비하는 것이 당연하지 않나요?"

물론 맞는 말이다. 3백여 년 전 제임스 왕 통치 기간에 해석된 예수의 이 말이 당시에 의미하던 대로 오늘날까지 통할 리는 없다. 그 옛날 그리스 시대에는 '생각한다'는 단어가 때때로 '걱정한다'는 의미로 쓰였다. 그런데 성경(개정판)에서는 '내일을 불안해하지 마라'고 번역하고 있다.

이처럼 내일 일어날 일에 대해서는 반드시 심사숙고하고 준비하며 계획해야 하지만 그렇다고 불안해할 필요는 없다.

내일의 준비를 가장 철저하게 하는 곳은 아마도 군대일 것이다. 철두철미한 내일을 계획한 군 지휘관들은 전쟁이 일어나면 걱정하거나 불안을 느낄 여유가 없다. 이에 대해 제2차 세계대전 당시 미국 해군을 지휘한 어니스트 킹 제독은 이렇게 말했다.

"나는 가장 뛰어난 군대에 최상의 장비를 공급했습니다. 그리고 가장 현명하다고 생각하는 사명을 부여했습니다. 그것이 내가 할 수 있는 전부였지요. 가령 군함이 격침되었다고 가정해 봅시다. 배가 가라앉는 것을 막을 수는 없습니다. 이때는 이미 일어난 일로 후회하고 걱정하기보다는 내일 일을 생각하는 편이 훨씬 생산적입니다. 게다가 이미 지나간 일에 얽매여 전전긍긍한다면 좀처럼 몸을 지탱할 수 없게 됩니다."

현대 사회에서 벌어지고 있는 일 가운데 가장 놀라운 것 중 하나는 불확실한 미래에 대한 무거운 짐에 짓눌려 정신적으로 어려움을 겪는 사람들이 병원 침상의 절반을 차지하고 있다는 사실이다. 만약 이들이 '내일 일을 걱정하지 마라'는 예수의 말이나 오슬러 경의 말에 귀를 기울인다면 틀림없이 행복하고 유익한 삶을 살 수 있을 것이다.

✚ **한마디 충고로 인생을 변화시킨 군인**

"1945년 4월, 저는 극도의 고민 끝에 '경련성 횡행결장'이라는 병에 걸리고 말았습니다. 만약 그때 종전이 되지 않았더라면 저는 완전히 폐인이 되었을 것입니다. 당시 저는 심신이 지칠 대로 지쳐 있었습니다. 제 임무는 전사한 병사의 기록계 하사관으로 전사자와 행방불명자, 병원 후송자 명단을 기록하는 것이었습니다. 또 적군이건 아군이건 전투 중에 임시로 대강 땅에 묻어 버린 병사들의 시체를 구덩이에서 파내는 일을 도와야만 했습니다. 죽은 사람들의 유품을 확인해서 유족들에게 보내 주는 일도 했습니다. 이런 일을 하면서 유품이 바뀌는 실수를 하지는 않을까, 내가 이런 일을 견뎌낼 수 있을까? 등등 근심에 하루하루가 지옥 같았습니다. 그리고 살아서 귀환하여 아직 얼굴도 보지 못한 16개월이 된 아들을 안아볼 수 있을지 걱정스러웠습니다.

당시 걱정과 근심에 지친 저는 지칠 대로 지쳐 체중이 34파운드나 줄었습니다. 체중만 줄어들었을 뿐만 아니라 정신적으로도 피폐해져갔습니다. 앙상해진 손가락을 보면서 집으로 돌아갈 수 있을까에 대한 기대마저 접게 되었고, 마음이 약해져서 혼자 있을 때면 금세 눈물범벅이 되곤 했습니다.

그러나 이 같은 불안감은 군대의 진료소에서 거짓말처럼 사라졌습니다. 한 군의관의 조언이 제 인생에 새로운 전기를 마련해 주었습니다. 그는 저를 자세히 진찰하더니 정신병 진단을 내리고는 이렇게 말을 건넸습니다.

'자네의 인생을 모래시계라고 생각해 보게나. 모래시계의 맨 위에는 무수한 모래가 있잖은가? 그것이 일정한 간격을 두고 중앙의 작은 구멍을 통과하는걸세. 그러나 모래알을 한꺼번에 통과시킨다면 모래시계는 망가지고 말걸세. 우리는 모래시계와 같은 존재라네. 아침에는 그날 해야 할 일이 산더미처럼 쌓여 있다고 생각하지만 이것을 모래시계처럼 하나씩 해결하지 않고 한꺼번에 통과시킨다면 이내 막혀 버리는 모래시계처럼 우리의 심신도 그렇게 고장 나고 말걸세.'

'한 번에 한 알의 모래, 한 번에 한 가지씩!'

그날 이후, 저는 군의관이 들려준 한 마디를 줄곧 실천하고 있습니다."

오늘날 현대인의 생활 속에서 가장 놀라운 것은 누적된 과거와 불안한 미래의 무거운 짐에 짓눌려 정신적 어려움을 겪는 사람들이 병원 침상의 절반을 차지하고 있다는 사실이다.

만일 이들 모두가 예수가 '내일 일을 걱정하지 마라'고 한 말이나 오슬러 경의 '오늘 하루를 충실하게 살아라'는 조언에 귀를 기울인다면 틀림없이 행복하고 보람 찬 생활을 영위할 수 있을 것이다.

우리는 현재 두 개의 영원이 서로 마주치는 순간에 서 있다. 즉 영원을 지속시켜 온 방대한 과거와 이미 기록된 시간의 마지막 순간까지 미치는 미래가 그것이다. 우리는 이러한 영원의 어느 쪽에서도 살 수 없다. 한 순간도 살 수 없는 것이다. 그렇게 하려다가는 육체나 영혼 모두 파괴되고 말 것이다. 그러므로 우리가 살 수 있는 시간만으로 만족해야 한다. 지금부터 잘 때까지 말이다.

✚ 죽음의 문턱에서 삶의 희망을 발견한 여자

미시간 주 사지오에 사는 쉴즈 부인은 자살 직전의 절망에서 다음과 같은 깨달음을 얻었다.

"1973년, 저는 남편을 잃게 되자 절망했습니다. 그런데다 무일푼이었지요. 하는 수 없이 전에 다니던 캔자스 시 로치 파울러 회사의 네온 로치 사장에게 부탁해서 복직할 수 있었습니다. 그전에는 각종 책들을 사서 시골이나 도심지 학교에 파는 일을 했습니다. 2년 전 남편이 병상에 눕게 되었을 때 차를 팔아버렸기 때문에, 빚을 얻어 중고차를 사서 다시 책장사를 시작하게 됐지요. 이렇게 바깥으로 나다니게 되면 약간은 기분이 후련해질 거라 생각했는데, 혼자서 차를 몰고 식사를 해야 한다는 것이 견딜 수 없이 외로운 일이더군요. 그 무렵에는 장사도 잘되지 않았고, 자동차 할부금 내기도 빠듯했습니다.

1938년 봄, 저는 미주리 주 베르사이유 근처에서 책을 팔고 있었는데, 학교가 모두 재정이 빈약해서 장사도 안 되고, 더욱이 길도 형편없이 험했습니다. 낙심한 나머지 자살하려고 생각한 적이 한두 번이 아니었지요. 성공할 가망은 없었고 살아갈 의미마저 잃고 말았습니다. 아침에 일어나 일상과 직면하는 것조차 무척 두려워졌습니다. 자동차 할부금을 낼 수 없게 되지나 않을까, 집세를 내지 못하게 되지나 않을까, 식사할 돈마저 떨어져 버리면 어떻게 할까……. 이런 걱정을 하는 동안 몸이 점점 쇠약해지는 것 같았지요. 하지만 의사에게 진찰받을 돈마저 없었으니 모든 것이 근심거리였습니다.

그런 제가 막상 자살하지 못한 것은 저 때문에 슬퍼할 동생과 장례비용이 없었기 때문이었지요. 그런데 어느 날, 우연히 본 책 한 구절 덕분에 저는 실의에서 벗어날 수 있었습니다. 새롭게 살아갈 용기를 얻게 되었습니다. 언제나 그 구절에 감사하고 있어요. 그것은 '현명한 사람에게는, 하루하루가 새로운 생활이다'입니다. 저는 이 구절을 타이핑해서 언제든지 볼 수 있게 제 차 안에 붙여 놓았습니다. 어쨌든 하루하루 살아간다는 것은 그렇게 고된 일이 아니라는 것을 깨닫게 되었습니다.

저는 지나가버린 어제 일은 잊어버리기로 하고, 내일의 일은 생각하지 않는 것을 배웠습니다. 매일 아침 '오늘은 새로운 인생이다'라고 혼자 중얼거리곤 하지요. 고독에 대한 두려움과 결핍에 대한 공포를 극복하는 데 성공했습니다. 지금 저는 행복하고, 어느 정도 성공도 했습니다. 인생에 대해서도 정열과 애정을 느끼게 되었습니다. 인생이 어떻게 되든 두 번 다시 두려워하지 않을 겁니다. 이제는 미래를 두려워할 필요가 없다는 것을 압니다. 저는 한 번에 하루만을 삽니다. 정말 현명한 사람에게는 '하루하루가 새로운 인생'이라는 것을 알게 된 거죠."

다음과 같은 시를 쓴 사람은 누구일까?

행복하도다, 홀로 있어도
오늘을 내 것이라고 노래하는 자여.
행복이 깃들 것이다.

오늘 나는 충실한 삶을 누렸도다.
내일이 최악일지라도 그것이 무슨 상관이랴.
평화로운 마음으로 이렇게 노래하는 자는
진정 행복하도다.

이 시는 기원전 30년에 로마의 시인 호라티우스가 쓴 것이다. 인간의 성품 가운데 가장 비극적인 것 중 하나는 현실 생활에서 도피하려는 성향이다. 우리는 보통 지평선 너머의 '마법의 장미정원'을 꿈꾸면서도, 정작 오늘 자기 집 창밖에 피어 있는 장미꽃은 미처 발견하지 못하고 지나친다.

우리는 왜 이렇게 어리석은가? 스티븐 리코크는 그의 저서에서 이것에 관해 다음과 같이 말했다.

"우리 인생은 참으로 이상하다. 어린아이들은 '내가 자라면……'이라고 말하고, 소년들은 '어른이 되면……'이라고 말하며, 어른이 되면 '결혼을 하면……'이라고 말한다. 그런데 결혼하고 뭐가 달라졌는가? 결혼한 다음에는 '퇴직하게 되면……'이라며 회한에 찬 말을 한다. 그러다가 결국 지나가버린 자신의 모습을 되돌아보게 된다. 찬바람이 스치고 지나가면 과거라는 경치를 제대로 보지 못했다는 생각이 들 때는 벌써 모든 것이 보이지 않게 된다. 인생이란 매일, 매 시간, 매 순간 살아가는 것임을 깨닫게 될 때는 이미 늦는다.

인생에서 고민과 걱정을 몰아내고 싶다면 오슬러 경의 방법을 시도하라. 즉 과거와 미래의 창문을 닫아 버리고 하루하루를 충실히 살아라.

> **❓ 오늘을 사는 지혜의 물음**
>
> 1. 나는 미래를 불안해하거나 아득한 곳에 있는 마법의 장미정원을 동경한 나머지 현실을 외면하고 있지 않는가?
> 2. 나는 과거의 일을 후회하면서 현재를 망치고 있지 않는가?
> 3. 나는 매일 아침 깨어날 때, '오늘을 위해 최선을 다하자'라고 외치며 오늘이라는 24시간을 최대한 활용하겠다고 결심하는가?
> 4. '오늘을 산다'는 것에서 인생의 보람을 더 많이 누릴 수 있는가?
> 5. 만약 이것을 실행에 옮긴다면 언제부터 시작할 것인가? 다음주? 내일? 오늘?

02 걱정을 해결하는 마법의 공식

DALE CARNAGIE

어떤 상황에서도 무조건 수용하라. 일단 일어난 일을 받아들인다는 것은 온갖 불행을 이겨내는 첫 단계다.

캐리어의 고민 해결 공식

여러분은 이 책을 다 읽기 전에 지금 당장 모든 고민을 해결할 수 있는 확실한 방법을 알고 싶을 것이다. 여기에 그 해답이 있다.

이것은 세계적으로 유명한 에어컨 회사 캐리어의 설립자 윌리스 캐리어가 월급쟁이 시절, 엔지니어로 근무할 때 자주 사용해 왔던 고민 해결법이다.

✚ 에어컨 회사 캐리어 설립자의 고민 해결법

"버펄로의 주물회사에 엔지니어로 근무할 때 일입니다. 저는 크리스털 시에 있는 피츠버그 판유리 공장에 가스 정화장치를 설비하러 간 적이 있습니다. 가스 정화장치란 가스의 불순물을 제거하는 것으로 이는 연소 과정에서 엔진이 고장을 일으키지 않게 하는 것입니다.

가스 정화장치는 그 당시 최신 기술로 도입 초기였기 때문에 여러 차례 시행착오를 해오고 있었습니다. 그러다 보니 장치를 가동할 때마다 뜻하지 않은 문제가 자주 발생했습니다. 뿐만 아니라 회사가 보증하는 성능에는 턱없이 미달했습니다. 이런 일이 반복되자 저는 엔지니어로서 매우 자존심이 상했습니다. 이 일로 인해 밤마다 악몽과 불면증에 시달리며 심한 복통까지 앓았습니다.

그러나 얼마 후 혼자 끙끙거리며 앓아봐야 아무 소용이 없다는 사실을 깨달았습니다. 그리고 나니 문제 해결방안이 떠올랐습니다. 그 뒤 30년 이상 이 방법을 써오고 있습니다. 이것은 누구나 도전해 볼 만큼 간단합니다. 만약 문제가 발생하면 다음과 같은 3단계로 해결을 해보십시오.

첫째, 현재 상황을 직시하고 면밀하게 살펴본 다음 앞으로 일어날 수 있는 최악의 상황이 무엇인지 생각해 보는 것입니다.

그리고 저는 이런 결론을 얻었습니다.

'이 일이 실패했다고 해서 아무도 나를 투옥시키거나 죽이지 않을 것이다.' 하지만 솔직히 실직할 수는 있었습니다. 또 더 나아가 사장님이 지금껏 제가 애써 설치한 기계 설비를 모두 철거하고 그에 따른 설비비용은 물론 선불로 받은 2만 달러까지 배상하라고 할지도 모르는 일이었습니다.

둘째, 최악의 경우가 현실로 나타난다면 기꺼이 받아들이겠다고 다짐하는 것입니다. 그런 다음 자기 자신과 대화를 시작해 보는 것이었습니다.

'이 일로 내 경력 관리에 커다란 오점을 남기게 될 거야. 결과적으로 일자리마저 잃게 될 거고 말이야. 하지만 뭐가 걱정이야? 일자리를 잃으면 다시 구하면 될 것이고, 2만 달러 배상과 관련해서는 회사에서 가스 정화장치 성능 향상에 관한 연구를 새롭게 진행 중이니 그 비용은 연구비로 대체하면 되잖아?'

이렇게 최악의 경우를 예측하고 그 어떠한 상황도 기꺼이 감수하겠다고 결정한 순간, 갑자기 제 마음속에서 큰 변화가 일어났습니다. 마음이 한결 홀가분해지면서 지금까지 한 번도 경험해 보지 못했던 마음의 평화가 찾아왔습니다.

셋째, 최악의 상황까지 가지 않기 위해 모든 시간과 열정을 들여 노력하는 것입니다. 이때 이미 마음으로부터 받아들인 최악의 상황을 조금이나마 개선하기 위해 마음을 가라앉히고 매사에 집중해야 합니다.

저는 가장 먼저 2만 달러의 손실을 조금이라도 줄일 수 있는 방법을 찾아보았습니다. 여러 번의 실험을 거친 뒤 저는 부속장치에 5천 달러를 더 투자하여 부속을 개선하기로 결심했습니다. 예상은 적중하여 2만 달러를 손해 보기는커녕 오히려 1만 5천 달러의 이익을 냈습니다. 만약 그 당시 제게 닥친 일을 걱정하며 아무런 노력도 하지 않았다면 어찌 되었을까요? 당연히 문제를 해결하지 못했을 것입니다. 또 계속해서 걱정과 고민에 빠져 있었다면 집중력마저 떨어졌을 것입니다.

우리가 무언가를 걱정하고 고민한다면 우리 마음은 끊임없이 동요되어 판단력을 잃게 됩니다. 하지만 최악의 상황을 감수하겠다고 받아들이는 순간 불안과 고민이 낳은 온갖 부정적인 생각들을 놓아버리게 되고 오직 직면한 문제에만 집중할 수 있습니다.

저는 그 일을 성공적으로 마무리한 후, 매번 일에 임할 때마다 이 공식을 적용했습니다. 그 결과 걱정에서 완전히 해방될 수 있었습니다."

당면한 문제에만 집중하라

캐리어가 사용한 마법 같은 이 공식이 왜 그렇게 중요한 가치로 다가오는 걸까? 걱정과 고민으로 지혜의 눈이 어두워지면 판단력이 약화되어 우리는 허우적거리며 여기저기를 헤매게 된다. 만약 어두운 먹구름 속을 헤매다가 느닷없이 하강하여 단단한 땅 위에 발이 닿게 된다고 가정해 보라. 우리는 자기 자신에 대해서 누구보다 잘 알고 있다. 어떻게 행동해야 하는지, 또 그 어떤 문제가 연달아 닥쳐도 해결 방법을 알고 있다.

그런데 만약 발 밑의 대지가 받쳐 주지 않으면 어떻게 생각을 정리할 수 있겠는가? 우리의 마음은 언제라도 안전하게 떠받쳐 주는 대지와 같이 그 어떤 것에도 다 품어 주고 해답을 알려준다.

응용심리학의 아버지로 불리던 윌리엄 제임스 교수가 다시 살아나 캐리어의 '최악의 사태에 대처하는 법'을 듣게 된다면 진심으로 찬사를 보낼 것이다. 그는 생전에 제자들에게 이런 말을 자주 했다.

"어떤 상황에서도 무조건 수용하라. 일단 일어난 일을 받아들이는 것은 온갖 불행을 이겨내는 첫 단계다."

맞는 말이다! 심리학적으로 보면 그것은 에너지의 새로운 해방을 의미한다. 일단 최악의 경우마저 받아들이겠다고 결심하면 심리학에서는 그 이상의 나쁜 일은 일어나지 않는다고 한다. 오히려 그전보다 모든 상황이 훨씬 호전된다는 것이다.

캐리어도 같은 말을 했다.

"최악의 경우를 예측해 보고 그것을 감수하기로 결정한 순간, 그동안 한 번도 경험하지 못한 마음의 평화가 찾아오고 안도감이 생기면서 그 다음부터는 사물에 대한 올바른 생각과 판단을 할 수 있었다."

이것은 당연한 이치다! 그런데 실제로 많은 사람들은 분노 속에 자신을 풀어헤쳐 놓고 자신의 삶을 학대하며 살아간다. 최악의 사태를 무기력하게 바라보며 그 상황에서 더 이상 상황을 호전시키려는 노력을 하지 않는다. 마치 배가 난파됐다는 사실에 겁을 먹은 채 걱정은 하지만 아무런 노력을 하지 않는 것과 같다.

운명을 재건하려 하지 않고, 경험과 치열한 싸움에 몰두한 나머지 우울증의 포로가 되어 버리는 것이다.

최악의 상황을 인정하라

이번에는 캐리어의 공식을 효과적으로 적용한 뉴욕의 한 석유상의 실례를 살펴보자. 그는 내 강좌에 참석했던 사람으로 자신의 경험을 다음과 같이 털어놓았다.

✚ 사기꾼으로부터 회사를 지켜낸 사업가

"저는 그 당시 영화에서나 볼 수 있는 공갈 협박을 받고 있었습니다. 당시 제가 경영하는 석유회사에는 여러 대의 배달용 트럭과 운전기사가 있습니다. 당시 물가관리국의 엄격한 조례 때문에 거래처에 판매하는 석유 배급량이 제한되어 있었습니다. 그런데 일부 운전기사들이 사장인 저 몰래 거래처의 배급량을 속이고 남은 석유를 다른 곳으로 빼돌렸던 것입니다.

제가 이 사실을 알게 된 것은 어느 날 물가관리국 감독관이라는 사람이 찾아와 입막음 돈을 요구했을 때였습니다. 그는 운전기사가 빼돌린 석유에 대한 증거 서류를 갖고 있으니 돈을 내놓지 않으면 검찰에 고소하겠다고 저를 협박했습니다.

물론 제게는 아무런 잘못도 없지만 법률상 피고용인의 행위에 대해 회사가 책임을 지는 것은 당연했습니다. 더구나 이 사건이 신문에라도 실리면 회사의 신용은 땅에 떨어지고 회사는 문을 닫아야 하는 상황이었습니다. 24년 전 아버지께서 창립했던 자랑스러운 회사가 도산할 상황에 처하게 된 것입니다.

저는 고민에 고민을 거듭했습니다. 그리고 사흘 밤낮을 식음을 전폐하고 미친 듯이 돌아다니며 일을 해결하려고 했으나 결국 이러지도 저러지도 못했습니다.

'그냥 그 사나이에게 5천 달러를 줘버릴까? 아니면 마음대로 해보라고 버틸까?' 어느 쪽을 택해야 할지 선택의 기로에 서서 마냥 협박과 악몽에 시달리고 있었습니다.

그러던 어느 날 일요일 밤이었습니다. 카네기 강연에서 받은 《고민을 극복하는 법》이라는 책을 읽다가 캐리어 씨가 언급한 '최악의 상황에 직면하라'는 구절을 읽게 되었습니다. 그리고 나서 저는 '만약 내가 돈을 주지 않아 그 자가 고발한다면 최악의 경우는 어떻게 될까?' 하고 제 자신에게 물었습니다.

마침내 저는 이런 대답을 얻었습니다.

'회사가 망한다. 최악의 경우 말이야. 그렇다고 감옥에 가지는 않아. 업계에서 신용을 잃고 회사가 문을 닫을 뿐이다. 그래, 회사는 망한다 치고 그 다음은 어떻게 될까? 직장을 구해야겠지. 그렇다면 어디에 취직하지? 사장을 하다가 월급쟁이를 해도 자존심이 상하지 않을까? 아니, 그 정도는 기꺼이 할 수 있어. 그런데 어디에 취직하지? 나는 석유에 관한 일이라면 무엇이든지 자신이 있어. 음, 취직을 부탁하면 채용해 줄 회사는 두세 군데쯤 있긴 한데…….

이렇게 생각하자 마음이 홀가분해졌습니다. 놀랍게도 그때부터 앞일을 생각할 수 있게 되었습니다.

이제 제3단계인 '최악의 상황을 좀더 좋게 만들라'는 데까지 다가갈 수 있을 만큼 더욱 또렷해졌습니다. 그러자 해결책에 관한 새로운 아이디어도 떠올랐습니다. 일단 변호사를 찾아가서 모든 사실을 털어놓고 상의하다 보면 그동안 미처 알지 못한 해결책을 찾아낼지도 모른다는 생각이 들었습니다. 지금까지 왜 이런 사실을 깨닫지 못했는지가 오히려 이상할 정도로 사실 저는 아무것도 아닌 것을 끌어안고 혼자 끙끙거렸던 것입니다. 그날 밤, 저는 내일 아침 일찍 변호사를 찾아가기로 결심하고서야 오랜만에 깊은 잠을 잘 수 있었습니다.

다음날 아침, 변호사는 제게 검사를 찾아가 모든 사실을 털어놓으라고 했습니다. 저는 곧바로 검사를 찾아가 그간의 자초지종을 설명했습니다. 검사는 제 이야기를 다 듣고 나더니 '이런 공갈 협박 건은 비일비재하고, 이 계통의 감독관이라고 사칭한 사나이는 현재 수배 중인 사기꾼입니다'라고 알려주었습니다.

저는 그 말을 듣고 깜짝 놀랐습니다. 그런 사기꾼에게 5천 달러를 내주려고 사흘 밤낮을 천국과 지옥을 오갈 정도로 고민했다니 말입니다!

이 경험은 제게 잊을 수 없는 교훈을 주었습니다. 이 일을 겪은 후 저는 어떤 난처한 일이 생길 때면 언제나 잊지 않고 캐리어 씨의 공식을 떠올리고 즉시 적용합니다."

최악의 상황을 좋게 만들어라

여기에 캐리어 씨보다 몇 배 더 고민한 사람도 있다. 이번에는 매사추세츠 주의 윈체스터 시에 사는 하네 씨 이야기다.

✚ 걱정을 내려놓고 불치병을 고친 하네 씨

"일찍이 20대에 사업 전선에 뛰어들어 밤낮없이 일하다보니 위궤양

증세가 나타났습니다. 사업이 확장됨에 따라 고민이 늘어나면서 증세는 점점 심해졌고, 결국 어느 날 밤, 저는 피를 토해 시카고의 노스웨스턴 대학교 부속병원에 입원하는 신세가 되었습니다. 이때 체중이 80킬로그램에서 41킬로그램으로 줄었습니다.

입원 후 손을 움직이는 것조차 허용되지 않을 만큼 위독해지자 세 명의 의사는 제게 불치병 진단을 내렸습니다.

한 시간마다 먹는 음식이라야 독한 가루약과 반 스푼 정도의 크림스프가 전부였습니다. 간호사는 아침저녁으로 제 뱃속에 고무관을 넣어 위세척을 했습니다.

이것은 몇 달간 계속되었고, 그러다 문득 이런 생각이 들었습니다.

'만약 내가 시한부 인생이라면 차라리 얼마 남지 않은 시간을 최대한 유익하게 보내는 게 낫지 않을까? 평소 세계 일주를 해보는 게 꿈이었잖아? 그렇다면 지금이야말로 그 꿈을 실행에 옮겨보면 어떨까?'

다음날 날이 밝자마자 저는 담당의사에게 달려가 세계 일주를 하겠다고 말했고, 담당 의사는 예상했던 대로 펄쩍 뛰며 말렸습니다.

'제 정신이오? 그건 미친 짓입니다. 세계 일주 여행을 떠나는 순간 곧바로 장례식을 치러야 할 걸 겁니다.'

'아니, 천만에요. 제가 여행하다가 죽게 되면 네브래스카 주에 있는 가족묘지에 묻어 달라고 친척들에게 벌써 부탁 해뒀으니 이제 여행을 떠나기만 하면 됩니다. 관을 짊어지고서라도 가겠습니다.'

실제로 저는 관을 준비해서 배에 싣고, 제가 죽게 되면 시체를 냉동 보관했다가 본국으로 보내주기로 기선회사와 계약했습니다. 그러고는 마치 시인 호머와도 같은 심정으로 여행을 떠났습니다.

> 아, 남겨진 시간을 마음껏 이용하라.
> 우리 죽어 흙 속에 묻히기 전에
> 시간은 먼지보다 못한 것.
> 술도 없고, 노래도 없고, 시인도 없다.
> 그리고 마침내 종말도 없도다.

저는 간호사와 함께 로스앤젤레스에서 프레지던트 아담스 호에 승선했습니다. 이윽고 배가 태평양으로 접어들자 제 마음은 한결 가벼워졌습니다. 저는 이때부터 서서히 독한 가루약을 복용하거나 위세척하는 횟수를 줄여나갔습니다. 그러고는 이국 음식이 독이 될 수 있다는 의사의 말을 무시하고 낯선 음식을 가리지 않고 즐겼습니다. 몇 주일 후에는 독한 입담배마저 피우며, 하이볼(위스키의 일종-옮긴이 주)도 마셨습니다. 오랜만에 정말 즐거운 시간을 보냈습니다.

저는 배 안에서 평소 구경도 못해 본 다양한 게임도 즐겼고 노래도 마음껏 불렀습니다. 또 새로 사귄 친구들과 어울려 밤을 새는 것이 일상이 되었습니다. 배를 타고 수만 마일 여행하는 동안 거센 풍랑과 태풍도 만났지만 이미 죽음을 받아들임으로써 여유가 생겼고, 그에 따른 야릇한 모험심은 오히려 저를 유쾌하게 만들었습니다.

특히 중국과 인도를 여행했을 때는 제가 줄곧 직면했던 사업상의 고민과 고통 따위는 이곳의 빈곤과 기아에 비한다면 정말 아무것도 아니라는 사실을 깨달았습니다.

　이때부터 저는 부질없고 쓸데없는 걱정은 말끔히 털어버리고 마음껏 여행을 즐길 수 있었습니다. 결국 저는 최악의 상황을 받아들이고 마음껏 즐기다보니 죽기는커녕 이렇게 고향으로 돌아와 이 이야기를 할 수 있게 된 것입니다.

　더욱이 여행을 끝내고 미국으로 돌아왔을 때, 제 체중은 평소 몸무게인 80킬로그램으로 늘어나 있었습니다. 물론 위궤양도 흔적도 없이 사라졌습니다. 그리고 건강한 몸으로 예전처럼 사업에 전념할 수 있었습니다. 그 후로 지금까지 저는 한 번도 병을 앓은 적이 없습니다."

　하네 씨는 항상 일상생활 속에서 캐리어의 '걱정을 극복하는 마법의 공식'을 실천하려고 노력했다.

　첫째, '일어날 수 있는 최악의 상황이란 무엇인가?' 하고 자문했다. 그 대답은 죽음이었다.

　둘째, 죽음을 받아들일 마음의 준비를 했다. 그 밖에는 별 도리가 없었다. 당시 의사는 병을 고칠 수 없다고 단언했다.

　셋째, 남겨진 짧은 시간을 되도록 즐겁게 보냄으로써 사태를 좀더 나은 방향으로 이끌어보려고 했다. 배를 타고서도 고민을 계속했더라면 관 속에 누워 시체로 돌아왔을 것이 분명했다. 그러나 그는 초조해하지 않았고 고민과 걱정 따위는 잊었다.

　이와 같은 정신적 안정이 새로운 힘을 불러일으켜 목숨을 살렸던 것이다.

만약 당신에게도 해결하기 힘든 고민거리가 있다면 캐리어의 세 가지 마법의 공식을 스스로에게 적용해 보라.

> **❓ 오늘을 사는 지혜의 물음**
>
> 1. 일어날 수 있는 최악의 상황은 무엇인가?
> 2. 그것이 도저히 피할 수 없는 일이라면 최악의 상황을 받아들일 준비를 하라.
> 3. 그런 뒤에는 침착하게 최악의 상황을 개선하기 위해 노력하라.

03 만병의 근원 '걱정병'

> 의사가 범하는 최대의 과오는 먼저 환자의 마음을 치료하는 대신 육체를 고치려 하는 데 있다. 마음과 육체는 하나다. 그러므로 따로 다룰 것이 아니다.

걱정, 당장 멈춰라

어느 날 저녁, 이웃집 남자가 나를 찾아와 걱정스런 표정으로 "천연두 예방주사를 맞아야 한다"고 말했다.

이런 사람들 때문에 당시 뉴욕 시내 병원은 물론 관공서까지 천연두 예방접종을 하느라 난리법석이었다. 이 일로 인해 2천 명이 넘는 의사와 간호사가 동원되었다. 이 소동은 뉴욕에 8명의 천연두 환자가 발생하여 2명이 숨진 사건 때문에 시작되었다.

나는 평생을 뉴욕에서 살았지만 지금까지 어느 누구도 내게 와서 '걱정'이라는 정신 질환에 대해 경고하는 사람을 보지 못했다. 이것은 천연두보다 수천 배 아니, 수만 배 손해를 끼치고 있는데도 말이다.

미국인의 10퍼센트가 고민이나 감정으로 빚어진 갈등으로 신경쇠약에 걸렸다는 말을 내게 해준 사람은 없었다. 나는 지금 이것에 대한 심각성을 사람들에게 널리 알리고 싶다.

"걱정과 싸우는 방법을 모르는 사람은 일찍 죽는다."

노벨 의학상 수상자 알렉시스 카렐 박사의 말이다. 이 말은 사업가뿐만 아니라 가정주부, 의사, 노동자 등 모든 사람에게 해당된다.

몇 년 전, 산타페 철도회사 의무실에 근무하는 고버 박사와 함께 텍사스에서 뉴멕시코까지 자동차 여행을 한 적이 있었다. 그때 우리는 고민이나 걱정이 사람들에게 미치는 영향에 대해 이야기를 주고받았는데, 그는 이런 말을 했다.

"병원을 찾는 환자의 70퍼센트는 고민이나 공포감에서 벗어날 수만 있다면 즉시 완쾌될 것입니다. 그들의 증상은 심한 치통이나 그보다 훨씬 더 심한 것들임에도 불구하고 거짓말처럼 완쾌되지요. 신경성 소화불량, 위궤양, 심장병, 불면증, 두통, 마비 증세는 분명 상상에서 비롯되는 것이 아니라 이런 질병은 현실적으로 고통을 동반합니다."

나 자신도 지난 12년 동안이나 위궤양에 시달렸기에 이것에 대해 너무나도 잘 알고 있다.

공포는 걱정이나 고민에서 생겨난다. 또 걱정은 사람을 긴장시키고 혼돈을 가져와 위 신경을 자극하여 위액 분비에 이상을 일으키고 때로는 위궤양으로 발전한다. 조셉 몬터규 박사도 저서 《신경성 위염》에서 같은 말을 하고 있다.

"위궤양의 원인은 음식물이 아니다. 인간의 마음을 좀먹는 그것이 원인이다."

또한 W.C. 알바레츠 박사는 "궤양은 흔히 감정에 의한 긴장의 강약에 따라 일어나기도 하고 가라앉기도 한다"고 했다.

이것은 마요 진료소에서 위장 질환으로 진료를 받은 1만 5천 명을 대상으로 연구한 결과다. 그런데 평균 다섯 명 중 네 명은 아무런 신체적 원인을 찾아볼 수 없었다. 다시 말하면 공포, 불안, 증오, 극단적인 이기주의, 현실 사회에 적응하지 못하는 무력감이 위궤양의 원인이었다.

〈라이프〉지에 따르면 위궤양으로 인한 사망자 수가 전체 사망자 순위에서 10위를 차지했다고 한다. 이는 누구나 위궤양으로 사망할 수 있다는 증거다.

미국 의사협회 연차 보고회에서 마요 진료소의 해럴드 헤버인 박사는 다음과 같은 연구 결과를 발표를 했다.

미국의 회사원들 중 평균 연령 44.3세의 중간관리자 176명을 진찰한 결과, 그중 3분의 1이 극도의 긴장감에서 오는 위궤양, 심장병, 고혈압 등과 같은 성인병을 앓고 있다고 했다.

특히 중역들 중 3분의 1이 45세 전에 심장병, 위궤양, 고혈압으로 육체를 병들게 했다. 그렇다면 성공이란 얼마나 값비싼 것인가! 하지만 실제로 그들은 성공한 게 아니다. 심장병이나 위장병을 대가로 사업을 성장시켰다고 해서 누가 그들이 성공했다고 할 수 있는가? 온 세상을 내 것으로 만든다 해도 건강을 잃으면 무슨 소용이 있을까? 온 천하를 손아귀에 넣었다 한들 침대는 하나로 족하고, 오직 하루 세 끼를 먹을 뿐이다. 신입사원들도 이 정도는 하고 산다. 오히려 그들은 중역들보다 깊은 잠을 잘 수 있고 밥맛도 좋을 것이다. 솔직히 말해서 나라면 철도회사나 담배공장을 경영하면서 45세에 건강을 망치기보다는 명예와 직위는 없지만 아무런 근심 걱정 없이 사는 삶을 택할 것이다.

담배 이야기를 꺼내고 보니 최근 전 세계에서 가장 유명한 담배 회사 CEO가 캐나다의 어느 숲속에서 산책하다가 심장마비로 사망했다는 신문 기사가 떠오른다. 그는 막대한 부를 누리면서도 61세에 급사했다. 어쩌면 그는 사업의 성공과 자기 수명을 맞바꿨는지도 모른다.

나는 백만장자 사장보다 무일푼으로 81세에 죽은 미주리 주의 가난한 농부로 살다 간 내 아버지의 성공이 훨씬 더 보람이 있다고 생각한다.

마요 형제의 연구 결과에 따르면 미국 병원 침대의 과반수는 정신 질환을 앓고 있는 환자들이 차지하고 있다고 한다. 그러나 이들의 시체를 해부해 현미경으로 관찰해 본 결과 대개의 경우 건강한 사람의 신경과 다를 바 없었다. 그들의 정신 이상은 물리적 퇴화에 의한 것이 아니라 무능력, 실패, 고뇌, 공포, 패배, 절망 따위의 감정에서 비롯된 것이다.

이에 대해 플라톤은 다음과 같이 말했다.

"의사가 저지르는 최대의 실수는 먼저 환자의 마음을 치유하지 않고 육체를 고치려하는 데 있다. 마음과 육체는 하나다. 그러므로 따로 다룰 것이 아니다."

정신질환의 원인은 무엇인가? 분명한 것은 아무도 모른다. 그러나 대부분의 경우, 공포와 고민이 그 요인이라는 것은 확실하다. 냉정한 현실 세계와 싸우다가 패배하여 좌절하는 사람들은 그의 환경과 절연하고 자신이 만들어 낸 꿈나라로 도피하면 고민이 해결된 것으로 믿는다.

지금 내 책상에는 에드워드 포돌스키 박사의 《걱정을 멈추고 건강해져라》라는 책이 놓여 있다. 다음은 그 책의 소제목들이다.

걱정이 심장에 미치는 영향
고혈압은 고민에서 생긴다
류머티스는 걱정으로 인해 발병한다
위장을 위해 걱정을 적게 하라
고민이 어떻게 감기의 원인이 되는가
걱정과 갑상선과의 관계
걱정이 많은 당뇨병 환자

✚ 걱정이 낳은 그랜트 장군의 두통

마요 형제로 유명한 칼 메닝거 박사의 저서 《자기를 배반하는 인간》에는 걱정에서 벗어나는 방법에 대해 구체적으로 언급하지는 않았지만 불안, 실의, 증오, 원한, 반항, 공포가 어떻게 인간의 육체를 파괴하는지에 대해서는 자세히 설명하고 있다.

'고민은 아무리 건강한 사람이라도 병자로 만든다.'

그랜트 장군은 남북전쟁의 막바지에 이 사실을 깨달았다. 그는 9개월에 걸쳐 리치몬드를 포위한 채 공격하고 있었다. 전쟁이 장기화되자 병사들은 좌절, 죽음에 대한 두려움으로 스트레스가 절정에 달했다. 이에 따라 탈영을 하는 병사가 속출했고, 야전 막사에서는 밤마다 기도를 하면서 울부짖거나 심지어는 환영을 보는 병사들이 생겨났다. 최후의 순간이 목전에 다가왔던 것이다.

이런 상황에서 북부군은 리 장군이 이끄는 남부군을 총공격해 왔다. 설상가상으로 리 장군의 병사들은 투항하기는커녕 도망치면서도 리치몬드의 목화, 담배 창고, 무기고 등을 불태우고는 칠흑 같은 어둠 속으로 사라졌다.

승리의 기세를 잡은 그랜트 장군의 군대는 사방의 퇴로를 차단하고 기병을 앞세워 정면 돌파를 하며 좌우에서 협공작전을 펼쳤다.

그런데 이때 그랜트 장군은 극심한 두통에 시달렸고, 하는 수없이 한 농가에서 휴식을 취했다. 훗날 그랜트 장군은 당시 일을 다음과 같이 기록했다.

'나는 밤새도록 겨자 물에 발을 담그고 두 손과 뒷목에 겨자 고약을 붙인 채, 제발 아침에는 두통이 말끔히 사라지기를 기도했다.'

이튿날 아침, 두통은 씻은 듯이 나았다. 하지만 그것은 겨자 고약의 효과가 아니라 연락병이 전해 준 리 장군의 항복 문서 덕분이었다.

'연락병이 도착했을 때도 나는 극심한 두통에 시달리고 있었다. 그런데 항복 문서를 보자마자 언제 아팠냐는 듯이 두통이 사라졌다.'

확실히 걱정과 고민, 긴장과 불안이 그랜트 장군을 병들게 했던 것이다. 그런데 그 감정이 자신감, 성공, 승리의 빛으로 바뀌자 곧바로 사라진 것이다. 이로부터 70년 후, 루스벨트 내각의 재무장관으로 재임한 헨리 모겐소 2세는 고민이 사람의 기분을 상하게 하고, 그것이 현기증의 원인이 된다는 사실을 알게 되었다.

그는 그때의 일을 일기장에 다음과 같이 기록했다.

'대통령께서 밀 가격을 인상하기 위해 하루에 440만 포대의 밀을 사들이라고 지시했을 때 나는 너무나 당황하여 어찌할 바를 몰랐다. 그 일이 시작되자 머리가 아프기 시작하더니 마침내 점심을 먹고 자리에 몇 시간을 꼼짝 못하고 누워 있어야만 했다.'

걱정과 고민이 사람에게 미치는 영향에 대해 알고 싶을 때, 나는 도서관이나 의사를 찾아가지 않는다. 왜냐하면 이 책을 쓰고 있는 우리 집 창문을 통해서도 그것을 볼 수 있기 때문이다. 우리 집 주변만 해도 고민 때문에 심각한 신경쇠약증에 시달리는 사람도 있고, 당뇨병을 앓는 사람도 있다. 당뇨병을 앓는 사람은 최근에 주가 폭락으로 혈당이 소변으로 빠져나온 바람에 그렇게 된 것이다.

위대한 프랑스의 철학자 몽테뉴가 고향인 보르도의 시장으로 선출되었을 때 그는 시민들에게 이렇게 말을 했다.

"여러분들에게 어려운 일이 생기면 언제든지 여러분의 손발이 되어드리겠습니다. 다만 그것이 제 간이나 폐에 영향을 미치지 않는 범위 내에서 말입니다."

걱정과 싸울 줄 모르는 사람은 일찍 죽는다

이와 관련하여 믿기지 않는 놀라운 연구 결과가 또 있다. 해마다 전염병으로 죽는 미국인보다도 자살하는 사람이 훨씬 더 많다는 사실이다. 왜 그럴까? 답은 대개의 경우 '걱정'이 원인이라 할 수 있다.

또 걱정 때문에 관절염이나 중풍으로 휠체어 신세를 지는 경우도 있다. 세계적인 중풍 권위자인 코넬 의과대학의 러셀 세실 박사는 중풍의 주요 원인으로 다음 네 가지를 제시했다.

1. 실패한 결혼
2. 경제적 재난과 비관
3. 고립과 걱정
4. 오랫동안 마음속에 쌓아 온 원한

또한 심각한 고민은 충치의 원인이 되기도 한다. 윌리엄 맥고니글 박사가 미국 치과학회에 보고한 연구 결과에 따르면 '고민, 공포, 잔소리 등에서 야기되는 불쾌감은 신체의 칼슘 균형을 깨뜨려 충치의 원인이 된다'고 했다.

박사를 찾아온 어느 환자는 부인이 병에 걸리기 전까지는 건강한 치아를 가지고 있었는데 한 달 입원한 사이에 충치가 9개나 생겼다고 한다. 또 갑상선에 이상이 생긴 사람을 본 적이 있는가? 내가 경험한 바로는 그들은 부들부들 떨면서 곧 죽을 것 같은 모습을 하고 있었다. 이는 신체 기능을 적절하게 조절하는 갑상선의 불균형 때문이다. 숨을 헐떡이고 온몸이 마치 통풍 조절장치를 열어 놓은 난로처럼 활활 타오른다. 어떤 방법으로든 이것을 막지 못하면 까맣게 타버릴 것이다.

나는 얼마 전에 갑상선에 이상이 생긴 친구와 함께 이 분야 최고 명의로 알려진 이스라엘 브람 박사의 진찰을 받기 위해 필라델피아에 간 적이 있다. 우리는 병원 대기실에서 기다리다가 나무 액자에 씌어 있는 글귀를 발견했다. 우리는 의사를 기다리는 동안 이 글귀를 노트에 적었다.

〈휴식과 오락〉
사람의 마음을 가장 편안하게 해주고 기운을 돋우는 힘은
건전한 종교, 수면, 음악 그리고 웃음이다.
하느님께 온전한 믿음을 가져라.
그리고 잠에 푹 빠지는 법을 배워라.
좋은 음악을 즐겨라.
그리고 인생의 익살스러운 면에도 눈을 돌려라.
그러면 건강과 행복을 얻으리라.

박사가 내 친구에게 물어본 첫 번째 질문은 "어떤 고민을 했기에 이런 증상이 나타났습니까?" 하는 것이었다. 만일 이대로 고민을 계속한다면 심장병, 위궤양, 당뇨병까지 발병할지 모른다고 경고했다. 이러한 병들은 서로 밀접하게 연관되어 있다는 것이다.

중국의 어느 잔인한 장군은 포로를 이렇게 고문했다. 우선 포로의 손발을 묶고 하루 종일 주야로 물방울이 똑똑 떨어지는 물주머니 아래 놓아둔다.
똑, 똑, 똑……. 밤낮을 가리지 않고 계속해서 머리 위에 떨어지는 물방울은 마침내 망치로 내리치는 소리처럼 들리게 되고, 포로는 얼마 지

나지 않아 정신이 혼미해지고 만다. 이와 같은 고문법은 스페인의 종교 재판과 히틀러 치하의 독일 강제 수용소에서도 사용되었다.

이처럼 걱정과 고민은 끊임없이 떨어지는 물방울과 같다. 쉴 새 없이 떨어지는 물방울은 사람의 마음을 미치게 하여 마침내 자살의 구렁텅이로 몰아넣는다.

당신의 인생을 진정으로 사랑하는가? 진실로 말이다. 건강하고 장수하며 인생을 즐기고 싶다면 여기 아주 좋은 방법이 있다. 다시 카렐 박사의 말을 인용해 보겠다.

"오늘날 도시의 혼란 속에서도 평온함을 유지할 수 있는 사람은 결코 정신질환에 걸릴 염려가 없다."

당신은 어떠한가? 당신이 건강한 사람이라면 대답은 '그렇다'일 것이다. 우리는 자신이 생각하고 있는 것보다 훨씬 강하다. 우리는 지금까지 한 번도 사용한 적이 없는 정신적인 자원을 갖고 있기 때문이다.

헨리 데이비드 소로의 불멸의 명저 《월든》 중에는 이러한 구절이 있다.

'의식적인 노력으로 생활을 향상시키고자 하는 인간의 놀라운 능력만큼 믿음직한 것은 없다. 자기가 뜻하는 방향으로 확신을 갖고 나아가 바라던 삶을 누리려고 노력하다 보면 일반적으로 기대할 수 없는 성공에 이르게 될 것이다.'

이 책의 독자 대부분은 올가 자베이 씨 못지않은 의지력과 정신적인 자원을 가졌으리라고 생각한다. 올가 씨는 아이다 호의 커르 달렌에 살고 있다. 그녀는 누구보다도 비극적인 환경에 처해 있었지만, 결국 걱정은 극복될 수 있다는 것을 깨달았다. 내가 이 책에서 반복적으로 설명하고 있는 진리를 적용하면 누구나 해낼 수 있다.

올가 씨는 내게 자신의 경험을 다음과 같이 들려주었다.

✚ 암과 싸워 이긴 올가 자베이

"8년 전, 의사가 제게 암이라고 하더군요. 마요 형제 같은 유명 전문가들의 진단도 같았습니다. 앞날이 막막했고 죽음만이 저를 기다리고 있었습니다. 젊었기에 정말 죽고 싶지 않더군요. 주치의에게 전화해서 절망감을 호소했습니다. 그러자 그는 다소 쌀쌀맞게 저를 꾸짖더군요.

'어쩌자고 그러세요, 올가 씨. 그만한 참을성도 없습니까? 울고만 계시다간 정말 큰일납니다. 지금 병세는 확실히 악화되고 있어요. 그러니 마음을 굳게 먹고 현실과 맞서 싸워야 합니다. 그렇게 속만 태우면 몸에 해로워요. 어쨌든 최선을 다해야 하지 않겠어요?'

그 말에 저는 두 손을 움켜쥐고 마음속으로 다짐했습니다.

'그래, 못이 살갗을 뚫고 들어와 척추로 냉기가 들어온다 해도, 위가 만신창이가 되어 말라빠진 뱃가죽으로 솟아나와도, 다리가 납덩이처럼 무거워져도 결코 걱정하지 않겠어. 절대로 울지 않을 거야.'

그 뒤 암을 치료하는 과정에서 정말 그렇게 아플 수가 없었지만, 저는 눈물 한 번 흘리지 않았습니다. 오히려 명랑했어요. 억지로라도 미소를 지었죠. 하기야 아무리 미소짓는다 해도 암이 나을 리는 없었지만, 명랑한 마음가짐이야말로 몸이 병을 감당해 내는 데 도움이 되리라 믿었습니다. 그러다 보니 점차 기적적으로 암을 치유할 수 있게 되었습니다.

최근 몇 년 사이에는 건강이 훨씬 호전되었는데, 그것은 모두 '현실과 대결하라, 걱정을 걷어치워라 그리고 어쨌든 노력해 보라'는 격려 덕분이었습니다.

나는 카렐 박사의 '걱정과 싸울 줄 모르는 사람은 일찍 죽는다'는 충고를 되풀이하면서 이 장을 마치려 한다.

이슬람교 마호메트의 신자들은 가슴에 《코란》 성구를 문신하고 있다. 나는 이 책의 모든 독자들의 가슴에 이렇게 새겨 주고 싶다.

'걱정과 싸울 줄 모르는 사람은 일찍 죽는다.'

카렐 박사는 누구를 위해 이 말을 했을까? 그것은 바로 당신이다.

> **? 오늘을 사는 지혜의 물음**
> 1. 오늘도 걱정하고 있는가? 지금 당장 멈춰라.
> 2. 걱정과 싸울 줄 모르는 사람은 일찍 죽는다.

걱정을 극복하는 3가지 기본 법칙

1. 인생에서 고민과 걱정을 몰아내고 싶다면 오슬러 경의 다음 3가지 방법을 실천하라.

    ① 오늘, 지금 이 순간에 충실하라.

    ② 불확실한 미래에 대해서는 신경 쓰지 마라.

    ③ 잠들기 전까지 그날의 일만 생각하고 생활하라.

2. 걱정은 만병의 근원이다. 걱정에서 벗어날 수 없다면 윌리스 케리어의 '고민해결을 위한 마법의 공식'을 적용해 보라.

    ① 문제를 해결할 수 없을 때, 일어날 수 있는 최악의 상황은 무엇인가를 자신에게 물어보라.

    ② 불가피한 경우에는 최악의 상황을 받아들일 준비를 하라.

    ③ 그런 뒤에 침착하게 최악의 상황을 개선하는 노력을 하라.

3. 걱정을 계속하면 건강을 해치는 치명적인 대가를 치르게 된다. 항상 가슴에 다음 문구를 새겨 두라. '걱정과 싸울 줄 모르는 사람은 일찍 죽는다.'

제 2 장

고민을 해결하는 법

DALE CARNAGIE

01 고민의 원인을 파악하라

DALE CARNAGIE

내게는 여섯 명의 충복이 있다. 지금까지 내가 알고 있는 모든 것은 그들이 가르쳐 준 것이다. 그들의 이름은 바로 누가, 무엇을, 왜, 언제, 어디서, 어떻게다.

고민 해결을 위한 3단계 공식

앞에서 언급한 캐리어의 마법 공식이 모든 고민을 해결해 줄 수 있을까? 물론 아니다. 그렇다면 고민 해결을 위한 다음 공식은 무엇일까? 온갖 고민을 해결하려면 다음의 문제를 분석하기 위한 3가지 기본 단계를 알아야 한다.

1단계 : 사실을 파악한다.
2단계 : 사실을 분석한다.
3단계 : 결정한다. 그리고 실천한다.

이것은 누구나 다 아는 말이다. 그래서 식상하다고 생각할지도 모른다. 하지만 아리스토텔레스 같은 철학자도 제자들에게 이러한 방식으로 가르쳤고 몸소 실천했다. 매일같이 우리를 괴롭히며 지옥 속으로 몰아넣는 문제를 해결하려면 누구든 반드시 이 단계를 거치고 실천해야 한다.

어떤 문제에 직면했을 때, 먼저 사실을 파악하라. 문제가 생겼을 때는 사실을 파악하는 것이 가장 중요하다. 사실을 제대로 파악하지 못하면 문제를 해결할 수 없고, 그렇게 되면 혼란 속에서 방황할 뿐이다. 콜롬비아 대학에서 학장을 지낸 허버트 헉스는 이 방법으로 20여만 학생들의 문제를 해결하는 데 일찍부터 앞장서 왔다. 그는 '혼란은 걱정의 주범'이라고 주장하면서 다음과 같이 말했다.

"이 세상 걱정거리의 절반은 결단을 내리는 데 필요한 지식을 충분히 갖추지 않고 속단하는 사람들에 의해 일어납니다. 예를 들어 다음 주 화요일 오후 3시에 문제가 닥칠 것이라는 것을 미리 알았다고 가정해 봅시다. 이 경우 저는 화요일까지는 그 문제에 대해 어떠한 판단도 유보한 채 그냥 내버려둡니다. 결코 미리부터 걱정하거나 골치 아파하거나 밤새 뒤척거리지 않습니다. 대신 문제와 관련된 온갖 사실을 파악하는 데 온 힘을 쏟을 뿐입니다. 이런 방법으로 어떤 결정을 내리기보다는 화요일까지 사실 파악에 집중하다 보면 문제는 자연스럽게 해결됩니다."

나는 헉스 학장에게 "그러면 그렇게 해서 고민에서 완전히 해방되었습니까?" 하고 물었다. 그는 확신해 차서 말했다.

"네, 그렇고 말구요. 걱정에서 완전히 해방되었다고 확실히 말할 수 있습니다. 단 사실 파악을 할 때는 누구든지 공평하고 객관적인 입장에서 해야 합니다. 그러면 지식의 빛을 받아 걱정은 눈 녹듯 사라지게 됩니다."

그러나 우리는 문제에 직면하면 어떠한가? 토머스 에디슨은 이에 대해 다음과 같이 말했다.

"생각하지 않고 문제를 해결할 수 있는 편리한 방법이란 없다. 그런데도 사람들은 생각하지 않고 여러 방편에 의지해 쉽게 문제를 해결하려 한다."

우리는 어떤 문제에 직면하게 되면 마치 사냥개처럼 변한다. 자신이 생각하고 있는 사실만을 옳다고 좇으며, 그 외 것들은 모두 무시한다. 또 자신의 행동을 어떤 식으로든 정당화하고 일시적으로 도움되는 사실만을 추구함으로써 자신만의 견해를 정당화하려 한다.

이에 대해 앙드레 모로와는 다음과 같이 말했다.

"대부분의 사람들은 자신의 개인적인 욕망과 일치하는 것들은 모두 진실이라고 생각하는 데 반해, 그렇지 못한 것들에 대해서는 분노한다."

이것은 어떤 문제에 대해 답을 얻기가 얼마나 어려운지 알게 해주는 말이다. 예컨대 2 더하기 2는 4다. 하지만 누군가 5라고 계속 우긴다면 이 문제에 대해서 논쟁을 해야 할까? 그런데 세상에는 2 더하기 2는 5, 때로는 500이라고 우기는 사람이 많다. 그런 사람들 때문에 자신은 물론 다른 사람의 삶까지 지옥으로 만들어 버린다. 이처럼 근심은 왜곡된 시각에서 나온다. 객관적이고 공정한 태도로 문제를 직시한다면 문제는 쉽게 해결된다.

이에 대한 해결책은 먼저 사고와 감정을 완전히 구분하는 데서 시작해야 한다. 이때 헉스 학장이 말한 대로 공평하고 객관적인 방법으로 사실을 파악하도록 한다. 물론 걱정에 빠져 있을 때는 마음 상태를 객관적으로 전환하는 것이 쉬운 일은 아니다. 근심 걱정은 우리의 감정을 날카롭게 만들기 때문이다.

여기 문제에서 벗어나 사실을 분명하고 객관적으로 관찰하는 데 도움이 되는 두 가지 아이디어가 있다.

첫째, 사실을 파악할 때는 자신을 위해서가 아니라 남을 위해서 하는 것처럼 하라. 그러면 사실을 냉정하고 공평하게 관찰할 수 있으며, 감정은 배제할 수 있다.

둘째, 자신을 괴롭히고 있는 문제에 대한 사실을 수집할 때는 반대편 변론을 준비하는 변호사의 입장이 되어 보라. 즉 자신에게 불리한 사실이나 자신이 마주하고 싶지 않은 사실을 밝혀내도록 노력하는 것이다. 그런 다음 자기 편의 사실과 상대방의 사실을 기록해 본다. 대개의 경우, 사실이란 이 두 가지가 상반되는 극단의 중간쯤에 있다는 사실을 깨닫게 될 것이다.

요점은 당신과 나, 아인슈타인 그리고 미국의 대법원 대법관일지라도 우선 사실을 파악하지 않고서는 그 어떤 문제에도 현명한 판단을 내릴 수 없다는 것이다.

일찍이 에디슨은 이 사실을 잘 알고 있었다. 사망 당시 남긴 2천5백 권의 노트에는 그가 직면했던 문제들이 빼곡히 적혀 있었다.

이렇게 문제 해결의 첫 단계는 사실 파악에 있다. 그리고 헉스 학장이 강조한 것처럼 즉시 실천하는 것이 중요하다. 그러기 위해서는 사실에 대한 공평하고 객관적인 파악이 전제되어야 한다.

그러나 사실을 수집만 하면 아무런 소용이 없다. 그것을 분석하고 해석할 줄 알아야 한다. 나는 소중한 경험을 통해 얻은 것을 기록하고 분석하는 편이 훨씬 쉽다는 것과 사실에 대해 종이에 적어 보는 것이 현명한 결정을 내리기 위한 첫걸음이라는 사실을 알게 되었다. 이와 관련하여 찰스 캐터링은 "정확하게 문제를 기록하는 것 자체가 벌써 문제를 절반이상 해결한 것과 같다"고 말했다.

처음부터 해답을 얻으려 하지 마라

문제를 기록하는 것이 실제로 어떠한 도움이 되었는지에 대해 그 예를 들어보자. 중국 격언 중에 '한 폭의 그림이 수만 마디의 글보다 낫다'는 말이 있다. 나는 여기서 한 남자가 지금 말하고 있는 사실을 어떻게 실천했는지를 그림에 비유하여 설명해 보겠다.

이것은 동양에서 엄청난 성공을 거둔 미국인 사업가 갈렌 리치필드의 경험담이다. 1942년, 그가 중국에 머물고 있을 때 일본군이 상하이를 침략했다. 다음 이야기는 그가 우리 집에 왔을 때 들려준 것이다.

✚ 현실 직시로 최악의 상황을 호전시킨 갈렌 리치필드
"진주만을 공격한 직후 일본군이 상하이로 들이 닥쳤습니다. 그 무렵 저는 상하이의 아시아 생명보험회사 주재 지사장으로 있었습니다. 일본군은 해군 대장을 파견하여 우리 회사의 자산을 처분하라고 명령하였습니다. 그 당시 명령에 따르지 않으면 죽음밖에 달리 방법이 없었습니다.

저는 달리 방법이 없었던 터라 명령에 따랐습니다. 그러나 자산 처분 목록에서 일본군에게 75만 달러의 증권을 넘겨 주는 것은 제외시켰습니다. 이 증권이 홍콩 지점 소유였기 때문에 본사 자산이 아니라고 생각했기 때문입니다. 그러면서도 혹시나 이 사실을 일본군이 안다면 가만두지 않을 거라는 생각에 몹시 불안했습니다.

그리고 결국 발각되고 말았습니다. 발각 당시 다행히 저는 사무실에 없었습니다. 하지만 그 당시 자리에 있었던 경리과장의 말에 의하면 일본군 장성은 제게 '이 도둑놈, 반역자 녀석!'라고 하면서 온갖 욕설을 퍼부었다고 합니다. 심지어는 일본 천황을 모욕한 것이라며 저를 가만두지 않겠다고 했다는 것입니다. 이 얘기를 듣는 순간 저는 브릿지하우스에 끌려가게 될지도 모른다는 두려움이 들었습니다. 브릿지하우스는 일본의 게슈타포 고문실로, 그곳에 끌려가느니 차라리 죽는 게 낫다는 말이 떠돌 정도로 악명 높은 곳이었습니다. 실제로 그곳에서 고문을 당하다가 쥐도 새도 모르게 죽은 친구들이 적지 않았습니다. 제가 그런 곳으로 끌려가는 처지가 되다니……!

일요일 오후에 이 소식을 전해들은 저는 엄청난 두려움과 불안에 떨어야만 했습니다. 하지만 평소 걱정에 사로잡힐 때마다 해오던 습관대로 책상 앞에 앉아 두 가지 질문을 타이핑했습니다.

1. 나는 무엇을 걱정하고 있는가?
2. 이것에 대해 난 무엇을 할 수 있는가?

저는 몇 해 전까지만 해도 문제를 기록하지 않고 그냥 해답만 얻으려고 했습니다. 하지만 얼마 전부터는 그렇게 하지 않습니다. 문제와 해답을 함께 기록하는 것이 훨씬 사고를 명확하게 한다는 것을 알았기 때문이죠. 그래서 그날 오후에 저는 대뜸 상하이에 있는 기독교 청년회의 제방으로 가서 다음과 같이 기록했습니다.

1. 나는 지금 무엇을 걱정하고 있는가?
   나는 내일 아침에 브릿지하우스에 끌려가지 않을까 두려워하고 있다.
2. 이것에 대해 나는 무엇을 할 수 있는가?
   나는 몇 시간을 두고 생각한 끝에 실행 가능한 네 가지 경우를 적어 보았다.

대응법 1 : 일본군 장성에게 자초지종을 직접 설명을 한다. 하지만 그는 영어를 구사하지 못한다. 만일 통역을 써서 설명한다면 그를 더욱 자극할 수가 있다. 그것은 곧 죽음을 의미한다. 그는 잔인한 사람이어서 귀찮은 변명 따위에 귀를 기울이기보다는 나를 당장 브릿지하우스에 처넣을지도 모른다.

대응법 2 : 그러면 도망치면 어떻게 될까? 그것은 불가능하다. 그들은 내 일거수일투족을 감시하고 있잖은가. 만약 도망가다가 잡히면 그 자리에서 총살을 당할 것이다.

대응법 3 : 사무실에 출근하지 않고 집에 숨어 있으면 어떨까? 하지만 그렇게 되면 해군 장성이 오히려 나를 의심해 설명할 기회마저 잃게 되고 곧바로 브릿지하우스로 끌려갈 것이다.

대응법 4 : 월요일 아침에 평소와 같이 출근한다. 해군 장성은 바쁜 일 때문에 이미 이 일을 잊었을지도 모른다. 설령 기억하고 있더라도 그가 냉정을 되찾아 더 이상 문제 삼지 않을지도 모른다. 최악의 경우 트집을 잡아 괴롭힐지도 모르지만 그래도 해명할 기회는 있을 것이다.

일어날 수 있는 최악의 상황을 냉철하게 분석한 다음 그중 네 번째 대응법을 사용하기로 결정하고 나니 기분이 한결 가벼워졌습니다.

다음날 아침 일찍 사무실에 도착해 보니 일본군 장성은 담배를 입에 물고 앉아 있었습니다. 그는 잠깐 저를 노려보았지만 아무 말도 하지 않더군요. 무슨 영문인지 알 수 없으나 그는 6주 후에 일본으로 돌아갔고 제 걱정도 거기서 끝이 났지요.

앞에서 이야기한 대로 그날 일요일 오후에 책상 앞에 앉아 냉철하게 대응책을 생각했기 때문에 저는 죽음의 순간에 살아날 수 있었습니다. 또 초조하고 불안한 마음에 실수라도 저질렀다면, 그리고 공포에 질려 두려운 얼굴로 상대방을 대했더라면 그는 틀림없이 의심을 품고 영원히 돌이킬 수 없는 조치를 취했을지도 모릅니다.

여러 차례의 경험을 통해 저는 결단에 도달하는 과정이 얼마나 중요한지를 알게 되었습니다. 일정한 목적에 이르지 못하고 망설이며 그것을 해결할 힘이 없다면 결국은 신경쇠약에 걸리게 되고 스스로를 생지옥으로 몰아넣게 되지요.

저는 고민의 50퍼센트는, 일단 명확한 결단을 내림과 동시에 소멸되고, 나머지 40퍼센트는 그 결정을 실행에 옮김으로써 사라져 버린다는 것을 알게 되었습니다. 실제로 저는 다음 4단계를 적용하여 90퍼센트의 고민을 해결할 수 있었습니다.

1. 걱정하고 있는 문제를 정확히 파악하고 자세히 기록한다.
2. 그것에 대해 내가 할 수 있는 방법을 기록한다.
3. 어떤 행동을 취할 것인지를 결정한다.
4. 결정했다면 즉시 실천한다."

이처럼 걱정과 고민을 분석하고 그 해결 방법을 직시하는 것이야말로 위기를 극복할 수 있는 최선의 방법이다. 하지만 아무런 행동을 취하지 않는다면 문제 파악이나 분석은 공염불이 되고 정력 낭비에 불과하게 될 것이다. 그러므로 일단 문제에 직면해서 어떤 결정을 내렸다면 앞뒤 재지 말고 실천에 옮겨야 한다. 더 이상 미련을 가질 필요가 없다. 이런저런 생각으로 망설이거나 뒤따라 일어나는 의혹에 이끌리지 마라.

어떤 문제든 일정 정도 이상으로 생각을 계속하게 되면 혼란과 걱정거리만 더 쌓인다. 그래서 때로는 정도 이상의 궁리나 사고가 오히려 해로울 수 있다. 그러므로 결정을 내렸다면 뒤돌아보지 말고 행동에 옮겨

보라. 다음과 같이 말이다.

질문 1 : 내가 걱정하고 있는 것은 무엇인가?(아래에 적어 보자)

질문 2 : 내가 할 수 있는 것은 무엇인가?(아래에 적어 보자)

질문 3 : 나는 무엇을 할 것인가?(아래에 적어 보자)

질문 4 : 언제 실행할 것인가?(아래에 적어 보자)

> **❓ 오늘을 사는 지혜의 물음**
>
> 1. 걱정하고 있는 문제가 정확히 무엇인가? 문제를 정확히 파악하고 자세히 기록한다.
> 2. 그것에 대해 내가 할 수 있는 방법을 기록한다.
> 3. 어떤 행동을 취할 것인지를 결정한다.
> 4. 결정했다면 즉시 실천한다.

02 업무상 고민을 반으로 줄이는 비결

첫째, 문제는 무엇인가? 둘째, 문제의 원인은 무엇인가?
셋째, 문제를 해결할 수 있는 가능한 방법은 무엇인가?
넷째, 나는 어떤 해결책을 선택할 것인가?

효율적인 회의를 하라

당신이 사업가라면 아마 이런 말을 할지도 모른다.

"업무상의 고민을 반으로 줄이는 방법이라고? 웃기는 얘기군. 19년 동안이나 사업을 해온 내게 말이야. 남들이 해결할 수 있는 것이라면 벌써 나도 할 수 있었어! 사업상의 고민 50퍼센트를 제거하는 법을 가르쳐 준다고? 이런 맹랑한 소리가 어디 있냐고!"

나도 4, 5년 전에 이런 소리를 접했더라면 이와 똑같이 느꼈을 것이다. 엄청난 약속을 하고 있지만 이런 약속 따위란 사실 무의미한 것이다.

솔직히 말해서 나는 당신의 사업상 고민을 해결해 줄 수 없을지도 모른다. 결국 당신의 고민을 해결해 줄 수 있는 사람은 아무도 없다. 오로

지 당신 자신만이 할 수 있다. 다만 여기서 내가 할 수 있는 일은 세상 사람들이 어떻게 그런 고민을 극복해 왔는지 알려주는 일이다. 나머지는 당신에게 달려 있다.

다음은 미국에서 가장 유명한 출판사 중 하나인 사이먼 앤드 슈스터사의 공동경영자 중 한 명인 레온 쉼킨의 체험담이다.

✚ 과감한 개혁으로 회의 시간을 단축시킨 레온 쉼킨

"지난 15년 동안 전 매일같이 반나절 동안을 회의나 개인 면담에 매달려야 했습니다. 회의 참석자들은 자신의 제안서가 회의에서 채택될 수 있도록 의견을 강력히 내세우거나 또 중요 사안에서는 첨예하게 의견 대립을 하며 논쟁을 벌이다 회의 시간을 허비하곤 했죠. 저는 이런 상황을 개선하고자 묘책을 짜냈습니다. 그날 이후 저는 8년째 이 방법을 업무에 적용하고 있습니다. 그것은 놀라울 정도로 일의 효율성을 극대화시켰을 뿐만 아니라 행복을 가져다주었습니다.

마치 무슨 마술을 부린 것처럼 들릴지 모르지만 모든 마술이 그렇듯이 그 안을 들여다보면 매우 단순한 것입니다. 비결은 다음과 같습니다.

첫째, 15년간 써왔던 낡은 회의 절차를 과감히 폐지했습니다. 대신 제게 회의나 개인 면담을 신청하기 전에 업무상 문제점을 미리 문서로 상세히 보고 받은 뒤 한 가지 질문만을 던졌습니다. "그래서 당신이라면 어떻게 했으면 좋겠소?" 이렇게 말입니다. 둘째, 다음과 같은 새로운 규칙을 만들었습니다. 토론할 문제에 대해 다음 네 가지 물음에 스스로 답을 찾아보게 하고 그래도 불가피할 경우에만 저를 찾아오도록 했습니다. 방법은 다음과 같았습니다.

1. 문제가 무엇인가?

    문제의 핵심을 분명히 알고 기록한다. 우리는 지금까지 문제의 본질을 구체적으로 알지 못한 채 한 시간이든 두 시간이든 시간을 낭비하며 무모한 논쟁을 계속했다. 그러므로 첫 번째 할 일은 문제의 핵심을 분명하게 직시하는 것이다.

2. 문제의 원인은 무엇인가?

    지난 회의 진행 과정을 돌이켜보면 나는 문제의 근원이 되고 있는 사항을 분명히 파악하려 하지 않고 쓸데없는 회의에 시간을 허비했다. 지금 생각해 봐도 아찔하다.

3. 문제를 풀 수 있는 가능한 해결책에는 어떤 것들이 있는가?

    기존에는 누군가 한 가지 해결책을 제시하면 다른 사람이 반론을 제기했다. 그러다 보니 모두가 흥분하게 되고, 논의의 주제에서 이탈하는 일도 없지 않았다. 결국 아무런 해결책도 없이 흐지부지 회의가 끝나는 경우가 허다했고, 기록으로 남길 만한 내용도 없었다.

4. 당신이 제안하는 해결책은 무엇인가?

    지금까지는 어떤 문제에 대한 걱정만 늘어놓았지, 정작 누구 하나 해결책이나 실천방안을 제시하는 사람이 없었다. 즉 '내가 제안하는 해결법은 이렇다'라고 제안하거나 문서로 제출한 사람 하나 없는 회의를 해왔던 것이다.

그 이후로 부하직원들이 문젯거리를 가지고 저를 찾아오는 일은 거의 없습니다. 그들이 앞서 언급한 네 가지 질문에 답을 찾기 위해서는 온갖 정보를 파악하고, 그 문제에 대해 충분히 검토하지 않으면 안 되었기 때문입니다. 다양한 각도에서 충실히 답을 찾다보면 스스로 문제의 해답을 찾아낼 수 있었을 겁니다. 하지만 실제 상담이나 회의가 꼭 필요한 경우에도 예전의 3분의 1만 투자하면 원하는 답을 충분히 얻어낼 수 있었습니다. 이렇게 하면 체계적이고 논리적인 방법을 거쳐 타당한 결론에 도달할 수 있기 때문입니다.

이제 우리 회사에서는 업무상 일이 풀리지 않을 때 막연히 고민하거나 무작정 회의를 하는 데 긴 시간을 소비하지 않습니다. 모든 일을 정확히 하기 위해서 토의하기보다는 실천에 중점을 두고 있기 때문입니다."

스스로 답을 찾아라

"미국 보험업계에서 한때 유명세를 떨친 내 친구 프랭크 배트거도 이와 같은 방법으로 자신의 사업상 고민을 해결하여 수익을 두 배로 올릴 수 있었다.

✚ 미국 최고 보험 왕이 된 사나이

보험업계에 첫발을 내딛었을 때 일이다. 나는 이 사업에 대한 기대에 부풀어 정열적으로 고객을 만나고 다녔다. 그런데 뜻하지 않는 암초를 만나 실망한 나머지 일에 대한 의욕마저 꺾여 그만둘 참이었다. 만약 그 당시 고민의 원인을 파악하려는 의지가 없었다면 아마 나는 이 일을 그만두었을 것이다. 당시 나는 가장 먼저 나 자신에게 이렇게 물었다.

1. 무엇이 문제인가?

    그것은 내가 발이 닳도록 뛰어다니는 것에 비해 실적이 오르지 않는 것이었다. 상담할 때는 잘되다가도 막상 계약을 할 때가 되면 매번 이런 식이었다.

    "글쎄요, 한 번 더 생각해 볼게요. 다음에 다시 한 번 방문해 주세요."

    이렇게 몇 번이나 헛걸음치게 되니 맥이 풀려 점점 일이 하기 싫어졌다.

2. 긍정적인 해결책은 무엇인가?

    그러나 이 대답을 얻기 위해서는 먼저 사실에 대해 냉철하고 객관적인 분석이 필요했다. 나는 최근 1년간 고객 상담 기록을 펼쳐놓고 꼼꼼히 분석했다.

    이때 나는 놀라운 사실 하나를 발견했다. 거래처의 70퍼센트는 두 번 찾아간 다음 성공했던 것이다. 세 번, 네 번, 다섯 번……. 이렇게 시간을 낭비해 가면서 계약을 체결한 것은 불과 7퍼센트에 지나지 않았다. 다시 말하면 하루 절반 이상을 매출의 7퍼센트 때문에 그렇게 애를 태우며 시간을 낭비했던 것이다.

3. 그렇다면 해답은 무엇인가?

그것은 명백한 사실이었다. 나는 앞으로 한 곳에 두 번 이상 방문하지 않기로 결정하고 그 시간을 새로운 고객을 찾는 데 주력했다. 그 결과 놀라운 일이 일어났다. 내가 1회 방문 시 방문의 환산 가치를 2달러 80센트에서 4달러 27센트로 늘릴 수 있었다.

이런 과학적인 과정을 거쳐 프랭크 베트거는 미국의 생명보험업계에서 가장 유명한 세일즈맨 중 한 사람으로 이름을 떨치게 되었다. 한때 보험업계에서 실적을 올리지 못해 물러나려고 했지만 이렇게 실패를 인정하고 사실을 분석함으로써 최후의 승리자가 된 것이다.

당신이 사업상의 문제로 고민하고 있다면 위의 사항을 적용해 보라고 권하고 싶다. 단언컨대, 분명히 문제의 50퍼센트는 해결해 줄 것이다. 이 방법을 반복해서 적용해 보라.

> **❓ 오늘을 사는 지혜의 물음**
>
> 1. 문제는 무엇인가?
> 2. 문제의 원인은 무엇인가?
> 3. 문제를 해결할 수 있는 방법에는 어떤 것이 있는가?
> 4. 어떤 해결책을 선택할 것인가?

걱정을 속 시원하게 해결하는 법

1. 사실을 파악하라. 이 세상의 걱정 중 절반은 결단의 증거가 되는 지식이 부족한 상태에서 서둘러 결단을 내림으로써 일어난다.

    ① 냉정하고 공정하게 한다.
    ② 사실을 수집할 때는 반대 측 변론을 준비하는 변호사처럼 한다.

2. 문제와 관련되는 모든 사실을 면밀히 검토하고 분석하라.

    ① 걱정하는 문제를 자세히 기록한다.
    ② 어떠한 조치를 취할 수 있는지 기록한다.
    ③ 어떤 행동을 할 것인가를 결정한다.
    ④ 결단을 내렸다면 즉시 실천하라. 그러면 명쾌한 대응법이 생긴다.

3. 일단 결정했다면 실행하라. 그리고 그 결과에 대해 불안해하지 마라. 갈렌 리치필드의 기법을 당신의 걱정에 적용해 보자(종이에 아래의 물음을 적고 답을 해보자).

    ① 내가 걱정하고 있는 것이 무엇인가?
    ② 내가 할 수 있는 것은 무엇인가?
    ③ 나는 무엇을 할 것인가?
    ④ 언제 실행할 것인가?

4. 업무상 걱정은 다음의 물음을 통해 절반으로 줄일 수 있다.

    ① 문제는 무엇인가?
    ② 문제의 원인은 무엇인가?
    ③ 문제를 해결할 수 있는 가능한 방법은 무엇인가?
    ④ 최선의 해결책은 무엇인가?

제 3 장

비평에 의연하게 대처하는 법

DALE CARNAGIE

DALE CARNAGIE

01 죽은 개를 걷어차는 사람은 없다

언제든지 스스로 옳다고 믿는 일을 하면 된다. 그것이 최선의 방법이다. 무슨 일을 하든지 사람들의 비난은 따르게 마련이다.

비판에 의연하게 대처하라

1929년, 미국 교육계를 떠들썩하게 한 사건이 일어났다. 전국의 학자들이 이 사건을 참관하기 위해 시카고로 몰려들었다. 몇 년 전, 로버트 허친스라는 청년이 작가, 벌목공, 가정교사, 의류판매원 등으로 힘들게 일하면서 예일대학교를 졸업했다.

이후 8년의 세월이 흐른 후, 그는 미국의 4대 명문 중 하나인 시카고대학교 학장으로 임명되었다. 겨우 서른 살의 청년이 말이다!

기존 교육계 인사들은 이 파격적인 인사에 혀를 내둘렀고, 각종 언론에서는 '너무 어리다', '경험이 부족하다', '교육관이 미숙하다' 등의 온갖 비판을 쏟아냈다.

취임식이 거행되던 날, 한 친구가 로버트의 아버지께 말했다.

"로버트를 공격하는 사설을 보고 몹시 충격을 받았습니다."

그러자 아버지는 담담하게 말씀하셨다.

"그래? 좀 심했나 보군. 하지만 이것만은 기억하게. 죽은 개는 아무도 걷어차지 않는다네."

그렇다. 중요한 것일수록 사람들은 그것을 걷어참으로써 더 큰 만족감을 느끼는 법이다.

후일 에드워드 8세가 된 영국의 황태자 윈저공은 어린 나이에 이 사실을 직접 체험했다. 당시 그는 열다섯 어린 나이에 영국황실군관학교에 입학했다.

어느 날 교장이 학교 구석에서 울고 있는 황태자를 발견하고 무슨 일인지 물었다. 그는 한참 동안 대답을 회피하다가 선배들한테 걷어차였다고 털어놓았다. 교장은 즉시 생도들을 집합시켜 놓고는 물었다.

"제군들, 황태자가 맞아서 이렇게 말하는 게 아니네. 대체 왜 그의 엉덩이를 걷어찬 건가?"

좀처럼 사실을 고백하려 들지 않던 생도들이 반나절이 지나서야 겨우 입을 열었다.

"훗날 왕실 해군 지휘관이나 함장이 된 다음에, 국왕의 엉덩이를 걷어차 봤다고 자랑하고 싶었습니다."

우리가 남한테 걷어차였을 때나 비난을 당했을 때 우리를 걷어찬 사람은 그것으로 자신이 잘난 것 같은 느낌을 맛보고 싶어 한다는 것을 잊지 마라. 여기서 중요한 것은 우리 자신이 어떤 식으로든 남의 주목을 끌 만한 일을 하고 있다는 사실이다. 세상에는 자기보다 성공한 인물을 끌어내려 주목받고 싶어하는 사람들이 많다.

나는 한 방송에 출연하여 구세군 창시자 윌리엄 부스 장군을 칭찬한 적이 있다. 그런데 얼마 후 한 부인에게 편지 한 통을 받았다. 부스 대장이 가난한 사람을 구제한다는 명목으로 800만 달러를 횡령했다는 내용이었다. 나중에 터무니없는 것으로 판명이 났지만 얼마나 황당한 일인가! 그런데 이 부인은 왜 거짓 투서를 했을까? 그녀를 비롯한 대개 이런 부류의 사람들은 진실을 밝히려는 목적이 아니라 자기보다 훨씬 높은 지위에 있는 누군가를 비난하고 깎아내림으로써 생기는 싸구려 만족감을 얻고자 한다.

당시 나는 곧바로 그 편지를 쓰레기통에 던져버리고 내가 그녀의 남편이 아닌 것을 신께 감사드렸다. 이런 사람들을 두고 일찍이 쇼펜하우어는 다음과 같이 말했다.

"평범한 사람들은 위인의 결점이나 어리석은 행동에 대해 대단한 기쁨을 느낀다."

예일대학교의 학장을 천박한 사람이라고 말하는 사람은 아무도 없을 것이다. 그러나 과거 예일대학교 학장이었던 티모시 트와이트는 당대 대통령 후보를 맹렬히 비난한 적이 있다.

"만일 이 사람이 당선된다면 우리 아내와 딸들은 합법적인 매춘부로 전락할 것입니다. 이런 치욕적인 문제 때문에 그에 대한 비난을 멈출 수 없습니다. 도덕과 미덕을 버린다면 그는 신의 노여움을 피할 수 없을 것입니다."

 혹시 히틀러를 비난하는 내용으로 들리는가? 아니, 그렇지 않다. 이것은 놀랍게도 토머스 제퍼슨을 비난한 내용이다. 설마 〈독립선언문〉 초고를 작성하고 민주주의 성인으로 세계적으로 칭송받은 그 토머스 제퍼슨? 당신의 귀를 의심하겠지만 바로 그 토머스 제퍼슨이다.

 또 '위선자', '사기꾼', '살인자보다 못한 사람'이라고 비난받았던 사람은 누구일까? 신문 풍자만화에는 단두대에서 시퍼런 칼이 금방이라도 목을 자를 것 같은 그림, 그리고 군중이 길거리로 끌고 다니면서 욕설과 조롱을 퍼붓는 장면도 게재되었다. 과연 그는 누구일까? 바로 미국 건국의 아버지, 조지 워싱턴이다.

 혹시 이런 일이 과거에만 일어난 일일 뿐 인권이 존중되는 오늘날에는 결코 있을 수 없는 일이라고 생각한다면 여기 피어리 제독의 이야기를 참고하라.

✚ 탐험가 피어리 장군에 대한 모함

 1909년 4월 6일, 해군 장군 피어리는 개썰매를 타고 북극을 탐험에 성공하여 온 세상을 놀라게 했다. 지난 수백 년간 북극은 용기 있는 사람들이 수차례 도전했지만 혹한과 굶주림 때문에 탐험에 성공한 사람은 아무도 없었다. 피어리도 추위와 굶주림으로 거의 빈사상태에 이르렀으며 결국 동상으로 여덟 개의 발가락을 절단해야 했다.

 그러나 그는 이보다 훨씬 더 혹독한 시련을 견뎌야 했다. 피어리가 대중의 인기를 빌미로 '학술 탐험을 위한 모금'을 한 후 일부 사람들에게, '세상 사람들을 속이고 북극에서 빈둥거리고 있다'는 모함을 받은 것이다. 사람들은 이 헛소문이 사실이기를 기대했을지도 모른다.

하지만 피어리의 연구를 모함하고 흠집을 내려는 시도는 맥킨리 대통령의 전폭적인 지지 덕분에 저지될 수 있었으며, 그는 북극 탐험을 계속할 수 있었다.

만일 피어리가 해군본부에서 평범한 행정 사무직에 근무했다면 이런 비난을 받았을까? 결코 아니다. 그러니 상대의 이유 없는 비난을 받는다면 한번 달리 생각해 보라. 비난은 또 다른 의미의 찬사일 수 있다.

✚ 북군의 영웅 그랜트 장군의 굴욕

1862년 그랜트 장군은 남군과의 전쟁에서 첫 승리를 거뒀다. 북군은 대승의 축제 분위기에 젖어 있었으며, 그는 하루아침에 국민의 우상으로 부상했다. 이 소식은 대서양을 건너 멀리 유럽까지 전해졌다. 그가 거둔 승리는 대서양 연안부터 미시시피 강에 걸쳐 각지의 교회 종을 울리게 하고 축하의 폭죽을 터뜨릴 정도로 엄청난 것이었다.

그런데 승리의 기쁨을 만끽하기도 전에 그랜트 장군은 체포되었고, 곧바로 지휘권마저 박탈당했다. 그는 굴욕과 절망 속에서 오열했다. 어떻게 이런 일이 일어날 수 있었을까? 이것은 모두 오만한 상관들의 질투와 시기 때문이었다.

혹시라도 당신이 부당한 비난에 괴로움을 겪는다면 다음 사실을 기억하라.

> **❓ 오늘을 사는 지혜의 물음**
>
> 1. 현재 부당한 비난에 괴로워하고 있는가?
> 2. 비난의 대부분은 비난을 위장한 찬사라는 사실임을 기억하라.
> 3. 죽은 개는 아무도 걷어차지 않는다는 사실을 잊지 마라.

02 부당한 비판에 상처받지 않는 법

나에게 쏟아지는 온갖 비난에 신경을 쓰거나 그 내용을 읽어 볼 생각이라면, 지금 하는 일을 그만두고 다른 직업을 찾아보는 것이 좋을 것이다.

그냥 웃어 주어라

나는 역사상 가장 지혜로운 장군 중 한 명이었지만 못생긴 얼굴 때문에 늘 험담꾼들에게 조롱의 대상이 된 사람과 이야기를 나눈 적이 있다. '늙은 사팔뜨기', '지옥의 악마'라는 별명을 가진 스메들리 버틀러 소장이 바로 그 주인공이다. 그는 미 해군 전투부대 장군들 중에서도 가장 독특한 개성을 지닌 사람이다. 특히 그의 날카로운 눈빛은 다양한 별명을 만들어 내기에 충분했다.

그는 어려서부터 남들보다 돋보이는 사람이 되고 싶어했다. 그러다 보니 아주 사소한 평판이나 비판에도 예민하게 반응했다. 하지만 군 생활 30년은 그를 배짱이 두둑한 사람으로 바꿔 놓았다.

"사람들은 나를 가리켜 개자식, 독사, 스컹크라고 불렀다네. 차마 입에 담을 수 없는 욕설을 퍼붓는 사람도 있고 말이야. 그때 분통이 터졌냐고? 요즘엔 어디선가 나를 향해 폭포수처럼 욕을 쏟아내도 그쪽은 쳐다보지도 않는다네."

이렇게 '사팔뜨기' 버틀러는 비난을 과감하게 졸업해 버렸다.

그러나 우리 대부분은 우리를 향해 던져지는 조소나 욕설에 지나치게 신경을 곤두세운다. 나 자신도 예외는 아니다.

몇 년 전 뉴욕 〈선〉 지의 기자가 나와 나의 일에 관해 우스꽝스런 기사를 쓴 적이 있다. 당시 내가 분개했느냐고? 물론이다. 나는 노발대발하며 〈선〉 지 편집국장에게 전화를 걸어 강력하게 정정보도를 요구했고, 그 기사를 쓴 기자에게 끝까지 책임을 지게 할 생각이었다.

하지만 지금에 와서 되돌아보면 당시 내가 취했던 행동들이 부끄럽기 그지없다. 그 신문의 독자들 중 절반은 그 기사에 관심이 없었다. 설령 그 기사를 읽은 독자들 중 절반도 단순한 가십거리 정도로밖에 여기지 않았을 것이다. 그리고 남은 독자들도 몇 주일 후에 기사 내용을 깨끗하게 잊고 말았을 것이다.

나는 이 일을 계기로 매우 중요한 사실 하나를 깨달았다. 세상 사람들은 남의 비판에 대해 우리가 생각하는 것보다 훨씬 무관심하다는 사실을 말이다.

그렇다. 보통 사람들에게는 아침부터 잠에 곯아떨어질 때까지 끊임없이 자신의 일만 생각해도 부족한 하루다. 그러니 누가 죽었다는 뉴스보다 자신의 가벼운 두통에 훨씬 더 신경을 쓴다.

사기를 당하거나 비웃음을 사거나 배반을 당하거나 가장 절친한 친구의 손에 의해 노예로 팔려가더라도 그 때문에 자기 연민에 빠져드는 것은 어리석은 짓이다.

그리스도가 겪은 일을 생각해 보라. 그에게 최대의 신뢰를 받고 있던 열두 제자 중 한 사람은 오늘날의 돈으로 따지면 기껏해야 19달러가 될까 말까 한 돈 때문에 스승을 배반했다. 또 다른 제자 한 명은 그리스도가 곤경에 빠지자 그를 버리고 달아났다. 그러고도 모자라 세 번씩이나 자신은 그리스도를 모른다고 맹세하기까지 했다. 하물며 그리스도도 이러할진대, 우리가 그 이상을 기대한다는 것은 무리가 아닐까?

나는 오래전에 깨달았다. 남에게 부당한 비난을 받지 않기를 바라는 것은 불가능할지 모르지만 그러한 비난에 신경 쓰지 않는 것은 가능하다는 사실을. 물론 자신에게 쏟아지는 온갖 비난을 다 무시하라는 말은 아니다. 황당하고 근거 없는 부당한 비판을 무시하라는 것이다.

엘리너 루스벨트는 부당한 비난을 받았을 때 자기 나름의 대처 방법을 가지고 있었다. 그녀만큼 무수한 비난을 받은 사람도 흔치 않을 것이다. 백악관에서 머물렀던 영부인 가운데 그녀만큼 적과 친구가 분명하게 구분됐던 사람도 없을 것이다.

그녀는 어린 시절 수줍음이 많은 아이였다. 거기에다 겁이 많아 금세 상처를 받는 성격이었다. 어느 날 그녀는 고모에게 자신의 고민을 털어놓았다.

"고모, 이 일을 하고 싶은데 남들이 뭐라고 할까 봐 겁이 나요."

그러자 고모는 그녀의 눈을 똑바로 쳐다보며 단호하게 말했다.

"남들이 뭐라 하든지 네 스스로 옳다고 생각하면 그 일을 하도록 해라."

이 날 고모의 충고는 훗날 그녀가 백악관 안주인이 되어 일을 처리할 때도 행동의 원칙이 되었다. 그녀가 온갖 비난에 대처했던 최선의 방법은 드레스덴의 도자기 인형처럼 선반 위에 정좌해 있는 것이었다.

"언제든지 스스로 옳다고 믿는 일을 하면 됩니다. 그것이 비난에 대처하는 가장 훌륭한 방법입니다. 어차피 해도 욕을 먹고 안 해도 욕을 먹으며, 무슨 일을 하든지 사람들의 비난은 따르게 마련입니다."

이것이 그녀의 조언이다.

자신의 일에 최선을 다하라

나는 〈아메리칸 인터내셔널 코퍼레이션〉의 사장인 매튜 브러시에게 비평에 대처하는 방법에 대해 물어보았다.

"젊은 시절엔 나 또한 비평에 매우 민감하게 대응했다네. 당시 나는 완벽주의자로, 모든 종업원들에게 존경받기를 원했지. 그런데 마음대로 되지 않자 고민 끝에 내게 심한 반감을 가진 직원에게 다가가 회유책을 써보았다네. 하지만 도리어 다른 사람들에게까지 외면당하고 말았지. 그래서 이번에는 다른 사람과 타협하려고 하자 이번에는 또 다른 사람들이 기분 나빠하더군. 노력하면 할수록 적은 늘어만 갔다네. 마침내 모든 것을 포기하고 내 자신에게 이렇게 타일렀네. '내가 사장으로 살아

가는 한 욕을 안 먹을 순 없어. 그렇다면 유일한 방법은 신경 쓰지 않는 것뿐이다.'

이 생각은 놀랄 만큼 효과가 컸지. 이후 나는 옳다고 생각하면 즉시 실행에 옮기는 원칙을 세웠다네. 그러고는 낡은 우산을 받쳐 '비난이라는 이름'의 비가 내 목덜미에 젖지 않게 했지. 이 원칙은 부당한 비평의 희생자가 되었을 때 특히 도움이 되었다네. 덤비는 상대에게는 대응할 수 있지만 '그저 웃는' 상대에게는 어찌할 도리가 없지 않은가."

링컨이 남북전쟁 당시 만약 그에게 쏟아진 신랄한 비난에 대꾸하는 것이 어리석은 짓이라는 사실을 깨닫지 못했다면 아마도 신경과민 때문에 쓰러지고 말았을 것이다. 그는 자신이 어떤 방식으로 비난에 대처했는지에 대해 책으로 엮었고, 훗날 이와 관련된 일화들은 이 분야에서 주옥같은 고전이 되었다.

맥아더 장군은 전쟁 중에 자신의 직무실 책상 앞에 링컨이 했던 말을 붙여 놓았다. 윈스턴 처칠 또한 이것을 액자에 넣어 자신의 서재 벽에다 걸어 놓았다.

> 나에게 쏟아지는 온갖 비난에 하나하나 신경을 쓰거나 그 내용을 읽어 볼 생각이라면, 지금 하는 일을 그만두고 다른 직업을 찾아보는 것이 좋을 것이다.
> 나는 내가 아는 지식을 총동원하여 최선을 다하고 있다.
> 나는 최후의 순간까지 그렇게 할 것이다.
> 그 결과가 좋다면 나에게 쏟아지는 비난은 문제가 되지 않을

것이다.

그러나 결과가 좋지 않다면 열 명의 천사가 내 정당성을 입증한다 해도 아무런 쓸모가 없게 된다.

부당한 비평을 받았을 때 기억해야 할 두 번째 법칙은 다음과 같다.

> **❓ 오늘을 사는 지혜의 물음**
>
> 1. 지금 하고 있는 일에 최선을 다하고 있는가?
> 2. 만약 그렇다면 당신의 낡은 우산으로 비평이라는 이름의 비가 목덜미로 흘러내리는 것을 막아라.

03 실수에 담대해지는 법

DALE CARNAGIE

우리는 먼저 적이 비난해 오기를 기다리지 말고, 그들을 앞질러 우리 스스로가 냉혹한 비판을 해야 한다. 우리의 적이 발언의 기회를 잡기 전에 먼저 자신의 약점을 발견해야 한다.

실수하면 반드시 피드백을 하라

내게는 '비밀 파일'이 하나 있다. 그 파일에는 지난날 나의 어리석었던 행동들이 고스란히 담겨 있다. 파일에 담긴 내용 중 대부분은 비서가 대신 기록한 것이지만 남에게 알려질 경우 부끄러운 사적인 일들은 내가 직접 기록해 왔다.

지금도 15년 전 나에게 던져진 비난에 대해 뚜렷하게 기억하고 있다. 만일 당시 나 자신에 대해 좀더 솔직했다면 훨씬 더 많은 기록들이 파일에 보관되어 있을 것이다. 기원 전 10세기에 살았던 사울 왕이 "내 어리석음으로 나는 참으로 많은 잘못을 저질렀도다"라고 한 말은 내게도 똑같이 적용된다. 지난날 어리석은 행동들을 기록한 내용을 꺼내 다시 읽을 때마다 앞으로 직면하게 될 문제를 풀어가는 데 큰 도움이 되고 있다.

한때 내 잘못이나 실수를 무조건 남의 탓으로 돌린 적도 있었지만 이러한 기록 덕분에 이제는 그 모든 것이 나로부터 비롯되었다는 사실을 깨달을 수 있었다.

다음은 나폴레옹이 세인트 헬레나 섬에 유배되었을 때 한 말이다.

"나의 몰락은 그 누구의 탓도 아니다. 오직 나 자신의 잘못이다. 내가 나의 최대의 적이었으며, 그것이 비참한 내 운명의 원인이다."

1944년 7월 31일, 하웰이 뉴욕 앰버서더 호텔에서 사망했다는 소식이 전해지자 월가는 큰 충격에 빠졌다. 그도 그럴 것이 당시 하웰은 커머셜 뱅크를 비롯해 여러 대기업을 이끌고 있는 미국 재계의 큰 별이었다.

그는 정식 교육을 거의 받지 못했지만, 시골 가게의 점원으로 시작하여 US 스틸의 중역이 되었다. 살아생전에 그에게 성공 비결을 묻자 이렇게 대답했다.

"최근 몇 년간 날마다 내 활동을 기록해 두었다가 주말이면 한 주간의 업무를 객관적으로 평가하곤 했다네. 가령, 한 주간의 스케줄을 꼼꼼하게 체크하고 어떤 잘못을 저질렀는가? 올바른 방법은 무엇일까? 어떻게 개선할 수 있을까? 어떤 교훈을 얻었는가? 등을 되짚어 보고 피드백을 하다 보니 시간이 지날수록 실수가 줄어들더군. 그것이 전부였다네. 그런데 이렇게 몇 년간 이 기록을 토대로 스스로 반성하고 개선해 가다 보니 확실한 효과를 보게 되었지."

이 방법은 아마도 벤저민 프랭클린에게서 빌려온 듯하다. 프랭클린은 토요일 저녁만이 아니라 매일 밤 자기성찰을 했다. 그 결과 그는 자신이 자주 실수하는 열세 가지의 중대한 과실을 발견할 수 있었다. 이는 시간 낭비, 사소한 것에 마음 쓰는 것, 남의 결점을 지적하는 것, 논쟁을 일삼는 것 등이었다. 지혜로운 프랭클린은 이 결점을 고치기 위해 매일 밤 자신의 상태를 기록했다. 이러한 작업은 무려 2년간 계속되었다. 그 덕분에 첫째 주에는, 첫 번째 결점을, 둘째 주에는 두 번째 결점을, 셋째 주에는 세 번째 결점을 차례대로 고칠 수 있었다. 그리고 마침내 모든 결점을 극복하게 되었다.

"우리는 먼저 적이 비난해 오기를 기다리지 말고, 그들을 앞질러 우리 스스로가 냉혹한 비판을 해야 한다. 우리의 적이 발언의 기회를 잡기 전에 먼저 자신의 약점을 발견해야 한다."

이것은 다윈의 말이다. 실제로 다윈은 15년간을 자신 스스로에 대한 비평에 시간을 할애했다. 그는 자신의 불후의 저서 《종의 기원》을 탈고했을 때, 생명체의 기원에 관한 그의 혁명적 개념이 사상계와 종교계에 엄청난 파장을 미칠 것이라는 사실을 잘 알고 있었다. 그래서 15년간을 스스로 비평가가 되어 사실에 대한 검증, 추론의 재검토, 결론에 대한 비판을 계속했다.

만약 누군가 당신에게 욕을 한다면 어떻게 대처하겠는가? 여기 링컨의 대응 방식에서 한수 배워 보자.

국방부 장관 에드워드 스탠튼은 링컨 대통령이 자신의 업무에 대해 월권행위를 했다는 이유로 분노하며 그에게 심한 욕을 퍼부었다. 당시 링컨이 국방부 장관과 상의없이 한 정치가와 군 병력 이동 문제를 타협한 것이 화근이 된 것이다. 스탠튼은 대통령이 내린 명령을 거부하면서 링컨을 '바보, 멍청이'라며 욕설을 퍼부었다. 이 소식을 전해들은 링컨은 침착한 목소리로 이렇게 말했다.

"스탠튼이 그렇게 말했다면 내가 멍청이겠지. 그가 한 말은 대부분 옳은 경우가 많았어. 그렇다면 다시 한 번 생각해 봐야겠군. 혹시 내가 실수한 것은 아닌가 말이야."

링컨은 즉시 스탠튼을 찾아가 긴 시간 동안 토론을 했다. 그리고 마침내 자신의 명령이 잘못되었다는 것을 알아차리고는 즉각 명령을 취소했다. 링컨은 평소 누구든지 호의적인 동기와 사실에 기초해서 비난할 때는 그것을 기꺼이 수용했다.

우리도 이러한 비평은 수용해야 한다. 미국 대통령을 지낸 테오도어 루스벨트도 "우리가 네 번 가운데 세 번 이상은 다시는 실수하지 않아야겠다고 다짐해도 실천하기는 쉽지 않다"고 고백한 바 있다. 상대성이론으로 뉴턴 이후 수백 년간 지속되어 온 우주관을 송두리째 바꿔 놓은 천재 과학자인 아인슈타인 역시 그가 내린 결론의 99퍼센트는 잘못되었다고 고백한 바 있다.

비난에 대해 스스로를 변호하지 마라

프랑스 철학자 라 로쉬푸코는 "적의 견해가 나에 관한 것이라면 내 의견보다 훨씬 더 진실에 가깝다"고 말한 바 있다.

그렇다. 이 말은 진실에 가깝다. 누군가 나를 비판하기 시작하면 상대방이 하려는 말의 의미와는 상관없이 반사적으로 방어 태세를 취하게 된다. 상대방의 비판에는 정나미가 떨어진다. 사람이라면 누구나 비난이나 칭찬, 그것이 합당하든 부당하든 상관없이 비난에는 분개하고, 칭찬에는 기뻐하는 경향이 있다. 우리는 이성적인 동물이 아니라 감정적인 동물이다. 우리의 논리는 감정이라는 깊고 어두운 폭풍의 바다에 내던져진 자작나무 껍질로 만든 배에 불과하다.

그러므로 이제 누군가 우리를 비난할 때에는 스스로를 변호하지 말자. 어리석은 사람일수록 스스로를 변호하기에 급급해한다. 이제부터 좀더 독창적이고 겸허하며 훌륭하게 행동하자!

"만약 비평가가 내 결점을 모두 알고 있거든 좀더 통렬하고 혹독하게 나 자신을 비평하여 때려눕힐 것이다"고 말함으로써 비평가 스스로가 어리둥절해질 정도로 우리 자신에 대한 칭찬을 얻어내자.

그렇다면 부당한 비난을 받은 후 노여움이 솟구쳤을 때는 어떻게 해야 할까? 이때는 그 노여움을 다독거리며 자신에게 이렇게 속삭여 보라.

'그래, 사실 나도 완전무결한 사람은 아니잖아. 아인슈타인도 자신이 내린 결정의 99퍼센트가 잘못되었다고 고백했잖아. 아마도 나 또한 내가 내린 결정의 80퍼센트는 잘못되었을지도 몰라. 그래서 지금 내게 쏟아진 이 비난이 옳을 수도 있어. 그렇다면 도리어 감사해야 하잖아? 오히려 이를 통해 내게 도움 되는 일을 찾는 데 집중하자.'

비평에 마음을 쓰지 않기 위한 세 번째 법칙은 다음과 같다.

> **오늘을 사는 지혜의 물음**
>
> 1. 부당한 비난을 받은 후에는 어떻게 해야 할까?
> 2. 우리가 저지른 어리석은 행동을 기록하자.
> 3. 우리 자신을 스스로 비평해 보자.
> 4. 모든 인간은 결코 완벽할 수 없다. 그렇다면 남의 비판에 대해 겸허하게 수용해 보자.
> 5. 다른 사람에게 편견 없고 도움이 되는 건설적인 비평을 요청하라.

부당한 비평에 고민하지 않는 법

1. **죽은 개는 아무도 걷어차지 않는다.**
   ① 비난하는 사람들의 심리를 간파한다. 부당한 비평과 비난은 위장된 찬사일 수 있다. 당신이 다른 사람들로부터 질투나 선망을 받을 만큼 잘하고 있기 때문이다.
   ② 평범한 사람들은 위인의 결점이나 어리석은 행동에 대해 대단한 기쁨을 느낀다.

2. **부당한 비평에 마음을 빼앗기지 마라.**
   ① 인간은 남의 일이나 비판에 대해서 무관심하다. 누군가 죽었다는 뉴스보다 몇 만 배로 자신의 가벼운 두통에 훨씬 더 마음을 쓴다.
   ② 배반을 당하거나 칼에 질렸다고 해도 그 때문에 자기 연민에 빠져들지 마라. 예수도 그렇게 믿었던 제자에게 세 번이나 배반을 당했다. 그러므로 부당한 비난은 철저히 무시하라.
   ③ 매순간 최선을 다한다. 대신 낡은 우산을 쓰고 비평이라는 비가 목덜미에 흘러내리지 않도록 조심한다.

3. **스스로에 대한 비평에 철저하라.**
   ① 저지른 실수에 대해 반드시 피드백을 하라. 우리가 저지른 어리석은 짓을 기록해 두고 우리 자신을 비평하자.
   ② 적이 당신에게 욕을 한다면 링컨의 대응방식을 적용하라. 만약 적의 견해가 당신에 관한 것이라면, 당신 스스로의 의견보다 훨씬 더 진실에 가깝다.
   ③ 비난에 대해 스스로를 변호하지 마라. 뉴턴 이후 수백 년간 지속되어 온 우주관을 송두리째 바꿔 놓은 천재 과학자 아인슈타인 역시 자신이 내린 결론의 99퍼센트는 잘못되었다고 고백한 바 있다.
   ④ 다른 사람에게 편견 없고 도움되는 건설적인 비평을 요청하라.

제 4 장

항상 활기차게 사는 법

DALE CARNAGIE

01
휴식으로 하루에 한 시간을 더 창조하라

휴식이란 아무것도 하지 않는 것이 아니다. 휴식은 치유다. 쉬어라, 쉬어라. 몸의 긴장을 풀고 푹 쉬어라. 긴장은 하나의 습관이다. 또한 휴식도 습관이다.

피로해지기 전에 휴식을 취하라

걱정이나 고민을 해결하여 행복으로 가는 길을 소개하는 책에서 생뚱맞게 '피로 예방법'을 말하는 이유는 무엇일까? 피로는 때때로 걱정의 원인이 되며, 그렇지 않더라도 최소한 고민에 감염되기 쉬운 환경을 만들기 때문이다. 또한 피로는 감기를 비롯한 육체의 모든 질병의 면역력을 약화시킨다.

정신과 의사들에 따르면 피로가 공포와 걱정 그리고 근심 등과 같은 부정적인 감정에 대한 면역력을 약화시킨다고 한다. 따라서 피로를 예방한다면 고민을 미리 방지하는 데 큰 도움이 될 수 있다.

에드먼드 제콥슨 박사에 따르면 "어떤 신경질적인 상태나 긴장도

'완전한 휴식'이 있는 곳에는 존재할 수 없다"고 한다. 즉 휴식 상태에 있게 되면 고민을 계속할 수 없다는 것이다.

그러므로 피로와 걱정을 예방하는 제1원칙은 수시로 휴식을 취하는 것이다. 피로를 느끼기 전에 먼저 휴식을 취해야 한다.

휴식의 중요성을 강조한 이유는 휴식을 취하지 않으면 피로가 자신도 모르는 사이에 바이러스처럼 우리를 지배하게 되기 때문이다.

미 육군은 병사들을 상대로 여러 번의 시험을 한 결과, 오랫동안 훈련으로 단련된 병사도 1시간 행군 후 10분 정도 배낭을 내려놓고 휴식을 취하는 것이 행군 능률을 높이고 인내력도 향상시킨다는 사실을 알게 되었다. 그래서 미 육군에서는 철저하게 휴식 시간을 지킨다고 한다.

제2차 세계대전 때, 윈스턴 처칠의 나이는 60대 후반에서 70대 초반으로 접어들고 있었다. 그는 하루 16시간씩 일하며 영국 육해군의 활동을 진두지휘하고 있었다. 당시 노장이었던 그의 왕성한 활동력의 비결은 어디서 비롯된 걸까? 그는 매일 아침 11시까지 침대에 누워 모든 중요 업무를 처리했다. 점심 식사 후에는 한 시간 정도 낮잠을 잤으며, 저녁이 되면 6시부터 2시간 정도 규칙적으로 수면을 취했다.

이런 방법으로 그는 피로를 회복한 것이 아니라 아예 회복할 피로가 없게 만들었다. 즉 잦은 휴식을 취한 덕분에 언제나 활기차고 열정적으로 밤늦게까지 일을 계속할 수 있었다.

존 록펠러 1세는 두 가지 분야에서 최고 기록을 수립했다. 첫째, 세계 최고의 부를 축적했으며, 둘째, 무려 98세까지 장수했다. 과연 그 비결이 무엇일까? 그는 선천적으로 장수 체질을 타고나기도 했지만 그보다 중요한 것은 매일 오후, 사무실에서 30분씩 낮잠을 자는 습관이 있었다. 매일같이 사무실의 긴 의자에 누워 낮잠을 즐기며 코를 골고 있는 동안은 대통령도 그를 불러낼 수가 없었다고 한다.

대니얼 조슬린은 《왜 피곤해지는가》라는 책에서 휴식에 대해 다음과 같이 말하고 있다.

"휴식이란 아무것도 하지 않는 것이 아니다. 휴식은 치유다."

아주 짧은 휴식도 매우 큰 치유력이 있다. 5분간의 낮잠도 피로 예방에 도움이 된다. 야구계의 원로 커니 맥은 시합 전에 낮잠을 자지 않으면 5회부터는 심한 피로감에 시달린데 반해, 단 5분이라도 미리 자두는 날엔 시합을 거뜬히 해낼 수 있었다고 했다.

엘리너 루스벨트(테오도어 루스벨트 대통령 부인)에게 누군가 백악관의 빡빡한 스케줄을 12년간 빈틈없이 소화해낼 수 있었던 비결이 무엇인지 물었다. 그녀는 여러 사람들과 회견이나 연설을 하기 전에 반드시 소파에 누워 눈을 감고 20분 정도 휴식을 가졌다고 대답했다.

또 80세 나이에도 불구하고 헨리 포드는 언제나 젊은이들처럼 활기찼는데 젊음을 유지할 수 있었던 데에는 다음과 같은 원칙이 있었다.

'앉을 수 있을 때에는 절대로 서지 않는다. 누울 수 있을 때는 결코 앉지 않는다.'

할리우드의 영화감독 잭 처토크는 나의 적극적인 권유로 당장 이 방법을 실행에 옮겼고, 효과는 즉각 나타났다.

몇 년 전 그가 한 영화사에 근무하고 있을 때 있었던 일이다. 그는 불규칙한 영화사 업무로 피로에 지친 몸을 위해 각종 영양제와 비타민제를 복용했지만 아무런 효과를 얻지 못했다. 나는 그에게 매일 적당한 휴식 시간을 갖고 사무실에서 작가들과 회의를 할 때도 긴 의자에 비스듬히 누워서 해보라고 제안했다.

2년 후 주치의는 그에게 기적이 일어났다고 말했다. 실제로 그랬다.

"전에는 단순한 구상을 의논할 때도 딱딱한 의자에 앉아서 했는데 지금은 비스듬히 누워서 해요. 지난 20년간 이렇게 활기찬 적은 없었어요. 이젠 전보다 두 시간이나 더 일하는데도 조금도 피곤하지 않아요!"

우리도 이제 이 놀라운 방법을 실생활에 적용해 보자. 만일 당신이 속기사라면 에디슨처럼 사무실에서 낮잠을 잘 수는 없을 것이다. 또 회계사라면 비스듬히 누운 자세로 부장에게 회계 보고를 할 수는 없을 것이다. 그러나 식사 후 10분 정도는 낮잠을 잘 수 있을 것이다.

조지 마셜 장군처럼 바쁜 사람조차도 자신에게 주어진 조건에서 휴식을 취할 수 있는 방법을 찾았다. 전쟁 중 군 지휘에 여념이 없는데도 정오에는 반드시 휴식을 취했던 것이다.

만일 우리가 50세가 넘어서도 휴식할 여유가 없다면 하루 빨리 생명보험에 들어야 할 것이다. 요즘은 장례 비용도 만만찮을 뿐더러 언제 죽을지 모를 위험에 많이 노출되어 있으니 말이다.

만약 내가 아프게 된다면 아내는 내 보험금을 받아 들고 젊은 녀석과 재혼할 생각을 하고 있을지도 모른다. 50세면 한창 때다. 수시로 휴식을 취해 건강하게 장수하도록 자기관리를 해야 한다.

점심식사 후 낮잠을 잘 여유가 없다면, 저녁 먹기 전에 한 시간쯤 자는 것도 좋다. 그것은 술 한 잔보다 값싸면서 긴 인생에서 놀랄 만한 효과를 나타낸다. 오후 5시에서 6시 혹은 7시에 약 한 시간 정도 잘 수 있다면 하루에 한 시간을 더 버는 셈이 된다. 왜냐하면 저녁 식사를 하기 전 한 시간의 낮잠과 야간 수면 6시간을 합한 7시간은 연속적으로 자는 8시간의 수면보다 훨씬 유익하기 때문이다. 육체 노동자 또한 휴식 시간을 늘릴 수 있다면 훨씬 더 많은 일을 할 수 있다.

✚ 적당한 휴식으로 시간을 절약한 사나이

프레데릭 테일러는 베들레헴 강철 회사에서 과학적 경영에 관한 공동 연구를 진행하면서 이런 사실을 증명해 보였다. 그는 노동자 한 사람에게 하루 1만 2천5백 킬로그램의 강철을 화차에 적재하는 작업을 시키면 정오에는 심신이 지쳐 버린다는 사실을 발견했다. 그는 피로의 요소를 과학적으로 연구한 결과를 가지고, 노동자에게는 하루에 1만 2천5백 킬로그램이 아니라 4만 7천 킬로그램의 강철을 쌓는 작업을 시켜야 한다고 주장했다. 그에 의하면 지금까지의 4배에 가까운 작업을 수행해도 피로하지 않다는 것이다. 그러나 그것을 어떻게 증명할 수 있을까?

테일러는 슈미트라는 사나이를 대상으로 스톱워치에 따라 일을 하도록 지시했다. 슈미트는 스톱워치를 든 사나이의 명령대로 일을 했다.

"자, 강철을 들고 걸어라. 앉아 쉬어라. 걸어라"라는 식이었다.

과연 어떤 일이 일어났을까? 다른 노동자 한 사람이 1만 2천 킬로그램밖에 나르지 못할 때, 슈미트는 매일 4만 7천 킬로그램의 강철을 적재할 수 있었다. 그리고 그는 테일러가 베들레헴에 있는 3년 동안 일을 계속할 수 있었다. 슈미트가 그렇게 엄청난 일을 할 수 있었던 것은 피곤해지기 전에 휴식을 취했기 때문이다. 그는 한 시간에 26분을 일하고, 34분을 쉬었다. 일하는 시간보다 휴식 시간이 많았지만 장기적으로 보았을 때 다른 노동자보다 4배의 일을 할 수 있었던 것이다.

이 연구 결과가 의심스럽다면 프레데릭 테일러의 《과학적 경영법》을 한번 읽어보기 바란다.

> **❓ 오늘을 사는 지혜의 물음**
>
> 1. 피곤한가? 그렇다면 군대에서 휴식을 취하는 것처럼 실행하라.
> 2. 때로는 휴식하라. 대신 일할 때는 당신의 심장처럼 하라.
> 3. 피로해지기 전에 쉬어라. 그렇게 하면 깨어 있는 순간에 하루 한 시간의 시간을 더 창조해낼 수 있다.

02 무엇이 사람을 피로하게 만드는가?

긴장은 하나의 습관이다. 또한 휴식도 습관이다. 그러므로 나쁜 습관은 버리고 좋은 습관을 길러라.

피로를 유발하는 3대 원인

과학자들은 인간의 두뇌가 피로를 느끼지 않고 장시간 동안 얼마만큼 일할 수 있는지를 시험해 왔다. 놀랍게도 뇌를 통과하는 혈액이 활동할 때는 전혀 피로를 느끼지 않는다는 사실을 발견했다. 육체 노동자의 혈관에서 뽑아낸 혈액에는 '피로 독소'나 '피로 생성물'이 가득 차 있었으나, 앨버트 아인슈타인의 뇌에서 채취한 혈액에서는 밤늦게까지 일을 해도 피로를 유발하는 독소가 발견되지 않았다.

여기에는 매우 놀랍고도 중요한 사실이 숨어 있다. 즉 인간은 정신노동을 해서는 절대 피곤을 느끼지 않는다는 것이다.

뇌는 8시간 혹은 12시간을 활동한 후에도 처음처럼 활발하게 일할 수 있게 해준다. 인간의 두뇌는 전혀 피로를 모른다는 사실이다. 그렇다면 무엇이 인간을 피로하게 만드는가?

정신과 의사는 대개 정신적, 감정적인 태도에서 피로가 비롯된다고 말한다. 영국의 유명 정신의학자 하드필드는 자신의 저서 《힘의 심리》에서 다음과 같이 설명하고 있다.

"우리를 괴롭히는 피로의 대부분은 정신적인 것에서 온다. 단순히 육체적인 원인에서 비롯된 피로는 매우 드물다."

미국에서 가장 저명한 정신의학자 중 한 사람인 브릴 박사는 이보다 한걸음 더 나아가 "건강한 신체를 가진 정신 노동자의 피로는 거의 전부가 심리적 요소, 즉 감정적 요소가 원인이다"라고 주장했다.

그렇다면 어떤 감정적 요소가 정신 노동자들을 피로하게 만드는 걸까? 물론 기쁨이나 만족에서 오는 것은 아니다. 권태, 원한, 정당한 평가를 받지 결과에서 오는 부정적인 감정, 헛수고를 했다는 생각, 불안감, 고민 등이 그것이다. 이러한 감정들이 정신 노동자들을 피로하게 만드는 주요 원인들이다. 이것은 감기의 원인, 생산성 감소, 두통을 일으킨다. 즉 부정적 감정으로 인해 생기는 신경성 긴장 때문에 피로해지는 것이다.

메트로폴리탄 생명보험 회사는 피로에 관한 팸플릿에서 이러한 사실을 다음과 같이 설명하고 있다.

"일 자체에서 오는 피로감은 대개 충분한 수면과 휴식으로 회복된다. 특히 고민, 긴장, 감정의 혼란은 피로의 3가지 원인이 된다. 육체적 혹은 정신적 노동에서 오는 피로는 이 3가지가 원인이 되는 경우가 많다.

매순간 긴장 상태에 있는 근육도 육체의 일부분이라는 것을 잊어서는 안 된다. 마음을 편하게 하라! 그리고 중대한 일을 위해 에너지를 축적하라."

이제 지금까지 하던 일을 멈추고 자기 자신을 가만히 느껴 보라. 이 글을 읽는 중에 당신의 감정 상태와 시선은 어디에 어떻게 머물러 있는가? 눈은 긴장되어 있는가? 편안한 자세로 의자에 앉아 있는가? 어깨를 구부정하게 하고 있지는 않는가? 얼굴 근육은 긴장되어 있지는 않은가? 만일 당신의 온몸이 낡은 헝겊 인형처럼 축 늘어져 있지 않다면, 당신은 이 순간에 신경성 긴장과 근육성 긴장을 일으키고 있다. 스스로 피로와 긴장을 만들어 내고 있는 것이다.

건강을 위해 좋은 습관을 길러라

우리는 정신 노동을 하는 데 왜 이렇게 불필요한 긴장을 초래하는 것일까? 대니얼 조슬린이 그것에 대한 명쾌한 답을 해주고 있다.

"일을 열심히 하려면 쉬지 않고 노력해야 하고, 그렇지 않으면 일을 잘할 수 없다는 생각을 하는 것이 가장 큰 문제다."

우리는 이처럼 잘해야 된다는 생각 때문에 정신을 집중할 때마다 얼굴을 찡그리게 되고, 어깨와 근육에 힘을 주게 된다. 하지만 이런 것들은 두뇌 활동에 아무런 도움이 되지 않는다.

한 가지 놀랍고도 안타까운 진리가 여기에 있다. 돈을 낭비하는 것은 꿈에서도 용납하지 않으면서도 수많은 사람들은 술주정뱅이 선원처럼 자신의 에너지를 낭비하고 있는 것이다.

그렇다면 정신적 피로감을 예방하기 위해서는 어떻게 해야 할까? 가장 좋은 방법은 휴식, 바로 휴식이다! 우리는 일을 하면서 휴식하는 법을 배워야 한다. 물론 결코 쉬운 일은 아니다. 당장 생활 습관을 바꿔야 하기 때문이다. 그러나 이것은 충분히 노력할 가치가 있다. 일단 시작해 보라. 삶에 일대 혁명이 일어날 것이다. 과도한 긴장, 변덕, 숨가쁨, 강렬함, 격렬한 표정 등 이것들은 휴식에는 확실히 나쁜 습관들이다.

"긴장은 하나의 습관이다. 또한 휴식도 습관이다. 그러므로 나쁜 습관은 버리고, 좋은 습관을 길러라."

당신은 휴식을 어떻게 취하는가? 마음으로부터 하는가, 아니면 정신으로부터 시작하는가? 이 둘 중 어느 쪽도 정답이 아니다. 가장 옳은 방법은 항상 근육의 긴장을 풀어 주는 일로부터 시작해야 한다.

직접 실험해 보자. 우선 눈부터 시작한다. 이 구절을 다 읽고 나면 눈을 감아라. 그리고 조용히 눈을 향해 이렇게 말한다.

"쉬어라, 쉬어. 긴장을 풀어라. 딱딱한 얼굴 표정을 짓지 마라. 쉬어라, 쉬어."

1분간 이 말을 여러 번 되풀이한다. 눈 근육이 이완된 것이 느껴지는가? 누군가의 손길이 다가와 긴장의 장막을 걷어내는 느낌을 받을 것이다. 믿기지 않을지 모르지만 이 1분의 휴식에서 온갖 비결을 터득한 셈이다. 턱과 얼굴의 근육, 목, 어깨, 전신에 대해서도 이와 똑같은 방법을 적용해 보라.

이제 당신은 언제, 어느 곳에서라도 몸을 편하게 할 수 있다. 이때 유의해야 할 것은 의식적으로 쉬려고 해서는 안 된다는 사실이다. 휴식이란 모든 긴장과 의식적인 노력을 없애는 것에서 시작된다. 우선 눈과 얼굴의 근육을 쉬게 하는 것부터 시작하여 몇 번이고 "쉬어라, 쉬어라, 편히 쉬어라"라고 되풀이한다. 그러고 나면 에너지가 얼굴의 근육에서부터 신체의 중심부로 점점 퍼져 나가는 것을 느끼게 될 것이다. 갓난아이처럼 긴장으로부터 해방될 것이다.

여기에 몸을 편하게 하는 데 도움이 될 네 가지 방법이 있다.

몸을 편안하게 만드는 4가지 방법

1. 언제나 몸을 편하게 한다. 스스로를 낡은 양말처럼 축 늘어뜨린다. 나는 다 해진 양말 한 짝을 책상 위에 놓아 두고 있다. 양말이 없다면 고양이라도 좋다. 햇빛을 쬐며 졸고 있는 고양이를 안아 본 적이 있는가? 고양이는 물에 젖은 신문지처럼 사지가 축 늘어진다. 나는 아직까지 피로한 고양이, 신경쇠약, 불면증에 걸린 고양이를 본 적이 없다. 우리가 고양이처럼 몸을 편하게 하는 방법을 안다면, 반드시 이러한 불행을 피할 수 있을 것이다.

2. 가능한 한 편안한 자세로 일한다. 신체의 긴장은 어깨를 무겁게 하고 정신적 피로를 유발한다는 사실을 잊지 마라.

3. 하루에 4, 5번씩 자신을 점검한다. "나는 실제보다 일을 어렵게 만

들고 있지는 않은가? 이 일에 필요 이상의 힘을 들이고 있지는 않은가?"라고 자문해 보라. 이것은 몸을 편하게 하는 습관에 도움이 될 것이다.

4. 하루의 일과를 마쳤을 때 다시 한 번 자신에게 물어본다. "나는 얼마만큼 피로해 있는가? 만일 피로해 있다면, 그것은 정신 노동의 양이 아니라 방법 때문이다." 대니얼 조슬린은 "나는 하루의 일과가 끝나면 피곤의 정도에 따라 일의 성과를 측정하지 않고, 얼마나 피로하지 않은가에 따라 계산한다. 하루의 일과가 끝날 무렵 몹시 피곤함을 느끼는 날은 일의 양과 질에 있어서 전혀 효과가 없는 날이었다는 사실을 알게 된다"고 했다.

미국의 모든 기업가들이 이 같은 교훈을 터득한다면 극도의 긴장에 의한 사망률은 급감할 것이다. 더불어 피로와 고민으로 요양소나 정신병원을 찾는 사람도 감소할 것이다.

오늘을 사는 지혜의 물음

1. 충분한 휴식을 취하고 있는가?
2. 긴장은 하나의 습관이다. 건강을 위한 좋은 습관을 길러라.

03 피로와 고민을 예방하는 4가지 업무 습관

첫째, 불필요한 서류는 전부 정리한다. 둘째, 우선순위를 정해 일을 처리한다. 셋째, 무슨 일이든 즉시 처리한다. 넷째, 권한 위임, 지휘 감독, 조직화하는 방법을 배운다.

좋은 습관 1:
당면한 업무와 관련 없는 서류는 전부 정리한다

어떻게 하면 업무 효율을 높일 수 있을까? 혹시 책상 위에 어지럽게 쌓아 놓은 서류가 있는가? 당장 처리해야 할 업무가 아니라면 필요 없는 서류들을 과감하게 치워라. 책상을 정리하면 좀더 정확하고 쉽게 일을 할 수 있다. 이것이야말로 업무 효율성을 향상시키는 첫 단계다.

대부분 직장인들의 책상 위에는 아예 읽어 보지도 않은 서류들을 비롯하여 답장을 보내지 않은 편지, 보고서, 메모 따위가 가득 쌓여 있다. 보기만 해도 혼란과 긴장, 짜증을 불러일으키기에 충분하다. 그러나 더 안 좋은 습관은 '꼭 처리해야 할 잡다한 일들은 많은데 정작 처리할 시간이 부족하다는 것이다. 이것은 내가 하지 않으면 안 된다는 강박관념 혹은 의무감, 하지 않고서는 못 견디는 끝없는 긴장감으로 몰아넣어서 결국 고혈압, 심장병, 위암 등의 원인을 만들어 낸다. 단지 책상을 정돈하고 업무를 미루지 제때 처리하는 단순한 방법만으로 고혈압, 의무감, 끝없는 긴장감 등을 예방할 수가 있다.

유명한 정신의학자 윌리엄 새들러 박사의 이야기를 들어보자.

"그와 이야기를 하고 있을 때 전화벨이 울렸습니다. 병원에서 온 전화였어요. 저는 그 일을 즉석에서 처리했습니다. 이것은 평소 제 업무처리 방식이었습니다. 그런데 통화가 끝나자마자 또 다른 전화가 걸려 왔습니다. 급한 전화였기 때문에 이번에는 한참동안 이야기를 나눴습니다. 그러고 나자 이번에는 중태에 빠진 환자에 대해 의논하기 위해 동료 의사가 찾아왔습니다. 모든 용무를 끝내고서야 저는 환자에게 오래 기다리게 해 미안하다고 말했습니다. 그러나 오히려 그는 밝은 표정을 지으며 '괜찮습니다. 선생님!' 하고 말하더니, '선생님을 기다리는 20분 동안 제 잘못을 알게 되었습니다. 지금 당장 사무실로 돌아가서 일하는 습관을 바꿔야겠습니다. 그런데 선생님, 실례지만 책상 서랍 속을 좀 볼 수 있을까요?' 하고 물었습니다. 저는 텅 비어 있는 책상 서랍을 열어 보여 주었지요.

'처리되지 않은 서류는 모두 어디다 두십니까?'

'즉시 처리합니다.'

'답장을 안 보낸 편지는요?'

'한 통도 없습니다. 편지를 받으면 곧바로 회답을 하니까요.'

그로부터 6주일 후, 그 환자가 저를 자신의 사무실로 초대했습니다. 그는 전과 같지 않았습니다. 그는 책상 위를 보여 주고, 책상 서랍을 열어 보이면서 그 속에 처리되지 않은 서류는 하나도 없다고 말했습니다. 그리고 이렇게 말하더군요.

'6주 전만 해도, 저는 두 곳의 사무실에서 세 개의 책상을 쓰고 있었답니다. 책상은 온통 처리되지 않은 서류들로 너저분하게 널려 있었고, 일은 해도 해도 끝이 없었습니다. 그런데 선생님 말씀을 듣고 사무실로 와서 보고서나 오래된 서류들을 모두 치워 버렸습니다. 이제 저는 책상 하나만 두고 일을 하고 있으며, 서류가 도착하는 즉시 처리하기 때문에 밀린 업무로 인해 짜증을 내거나 긴장하거나 고민하는 일이 모두 사라졌습니다. 게다가 가장 놀라운 것은 병이 완쾌되었다는 겁니다. 이젠 제 몸에서 병은 그림자조차 얼씬할 수 없게 되었습니다."

좋은 습관 2:
중요도에 따라 우선순위를 정해 처리한다

시티즈 서비스 회사 설립자인 헨리 도허티는 아무리 많은 돈을 주어도 결코 살 수 없는 두 가지 능력이 있다고 주장했다.

"첫 번째는 생각하는 능력이요, 두 번째는 일 처리 능력이다."

무일푼으로 시작해서 단 11년 만에 총 자산 규모 100만 달러, 연봉 10만 달러를 받는 펩소턴트 사의 사장이 된 찰스 럭맨은 헨리 도허티가 말한 두 가지 능력을 터득하고 계발한 덕분에 큰 성공을 거뒀다고 했다.

"저는 아침 5시면 어김없이 일어납니다. 이 시간이 제게는 머리가 맑아 생각하기에 가장 좋은 시간입니다. 저는 이 시간에 하루의 계획을 세우고 일의 중요도와 처리 순서를 결정합니다."

미국 역사상 가장 성공한 보험 세일즈맨으로 꼽히는 베트거는 자신의 성공 비법을 다음과 같이 소개했다.

"아침에 계획을 세우는 건 너무 늦다. 그래서 나는 전날 밤 모든 계획을 세워 놓는다. 또 다음날 판매 목표량까지 정해 놓고, 만약 그날 목표량을 달성하지 못하면 다음날 그 액수를 추가해 가는 식으로 일했다."

오랜 경험으로 볼 때 계획을 잘 세운다고 해서 업무처리를 잘하는 것은 아니다. 하지만 계획을 세우고 일처리를 할 경우 무작정 일하는 것보다 훨씬 탁월한 결과를 가져온다.

영국의 작가 조지 버나드 쇼는 한 가지 계획을 세웠다. 매일 5페이지의 글을 쓰겠다고 자신과 약속을 한 것이다. 그는 그 계획에 따라 9년간 5페이지의 글을 규칙적으로 썼다. 만약 이런 노력이 없었다면 그는 작가로서의 꿈은커녕 은행 출납원으로 삶을 마감했을지도 모른다.

좋은 습관 3 : 무슨 일이든지 즉시 해결한다

H. P. 하웰의 경우는 유에스 스틸 회사의 이사로 재직하고 있을 때, 매번 이사회 때마다 엄청난 시간을 쏟았으나 토론할 문제나 연구할 논

제가 너무나 많아 거의 모든 이사들이 잔무나 보고서를 들고 집으로 퇴근해야 했다. 이를 지켜본 하웰은 이사회에 한 번에 한 가지 의안만을 상정시켜 결의하자는 안건을 이사진에게 제안했다. 지연이나 연기하는 일을 없애기 위한 방책이었다. 이렇게 하려면 훨씬 많은 연구 자료가 필요로 했지만 이 안에서 확실하게 안건을 결정할 수 있었다. 즉 새로운 보고나 어떤 일이 결정되지 않고는 다음 안을 다루지 않도록 한 것이다. 이 방법 덕분에 해결되지 않은 문제 때문에 고민하는 일도 없어졌다. 이 방법을 우리에게도 즉시 적용해 보자.

좋은 습관 4:
권한 위임, 지휘 감독, 조직화하는 방법을 배운다

사업가 중에는 직무를 다른 사람에게 위임하지 않고 모든 것을 혼자 끌어안고 강행하다가 요절한 사람들이 많다. 그들은 아무리 처리해도 끝없는 잡무와 그로 인한 스트레스에 짓눌려 고민, 불안, 긴장, 초조에 시달린 나머지 그런 불행을 자초한 것이다. 물론 리더로서 역할이 어렵다는 것을 알고 있다. 나도 경험했지만 부도덕한 사람에게 기업의 실권을 맡겼을 때 발생할 수 있는 위험이 얼마나 두려운지 익히 알고 있다. 그러나 권한을 위임하는 것이 어렵더라도 고민, 긴장, 피로를 피하기 위해서는 이를 반드시 실행해야 한다.

대기업의 최고경영자는 조직 관리, 권한 위임, 지휘 감독에 대한 경영 수업을 소홀히 할 경우 55세 후반에서 60세 정도에 이르면 누적된 스트레스로 갑자기 사망하는 경우가 흔하게 발생할 수 있다는 사실을 명심해야 한다.

> **❓ 오늘을 사는 지혜의 물음**
>
> 1. 당면한 업무와 관련 없는 서류는 전부 정리했는가?
> 2. 중요도에 따라 우선순위를 정해 처리했는가?
> 3. 무슨 일이든지 즉시 해결했는가?
> 4. 권한 위임, 지휘 감독, 조직화하는 방법을 아는가?

DALE CARNAGIE

04
피로, 걱정 그리고 분노의 주범, 권태를 물리치는 법

일의 능률을 감퇴시키는 유일한 원인은 지루함이다. 어차피 할 일이라면 즐겁게 하라.

권태, 또 하나의 대표적 피로의 원인

속기사였던 앨리스는 늦은 시간까지 야근을 하고 퇴근했다. 그녀는 몹시 지쳐 있었고, 심한 두통에다 허리까지 끊어질 듯 아팠다. 입맛도 없어서 저녁까지 거르고 막 잠이 드려는 참이었다.

바로 그때 전화벨이 울렸다. 댄스파티에 함께 가자는 남자친구의 전화였다. 순간 그녀의 눈은 초롱초롱 빛을 발하며 마음은 새털처럼 가벼워졌다. 그녀는 단숨에 파티장으로 달려갔다. 그렇게 새벽 3시까지 놀았는데도 전혀 지친 기색이 없었다. 오히려 흥분이 가라앉지 않아 잠을 이루지 못할 정도였다.

그날 밤, 앨리스는 정말로 피곤했을까? 물론 그때는 분명히 피곤했을 것이다. 그녀는 자신의 일에 진절머리가 나 있었던 것이다. 나를 포함해 우리 사회에도 엘리스 같은 사람이 부지기수다. 이처럼 인간은 감정 상태에 따라 육체적 피로가 달라진다.

콜롬비아대학교의 에드워드 손다이크 박사는 피로에 관한 실험에서, 몇 사람의 실험자들에게 끊임없이 흥미를 갖도록 한 다음 약 일주일 동안 잠을 재우지 않았다. 그런 후에 박사는 다음과 같은 결론을 얻었다.

"일의 능률을 감퇴시키는 유일한 원인은 지루함이다."

또 우리는 일의 양 때문에 피로감을 느끼기보다 처리하지 못한 일의 양으로 피로해질지 모른다. 하루 종일 일이 방해된 때를 기억해 보라. 도대체 아무 일도 뜻대로 되지 않았고, 모든 일은 헛수고로 끝났다. 심신이 지칠 대로 지친 상태로 집으로 향한다.

그런데 다음날은 모든 일이 순조롭게 진행되었다. 그리고 전날의 40배가량 되는 일마저 해치운다면 산뜻한 기분으로 귀가할 수 있다.

누구나 이런 경험이 한 번쯤 있었을 것이다. 여기서 우리는 무엇을 배울 수 있을까? 우리의 피로는 대부분, 일의 분량에 따라 생기는 것이 아니라 고민, 좌절감, 분노 등이 원인이 된다는 사실이다.

어차피 할 일이라면 즐겁게 하라

다음은 하기 싫은 일, 권태롭던 일을 즐겁게 해내면서 성공한 사람들에 관한 이야기다.

✚ 백수에서 그 분야 최고가 된 하워드

하를란 하워드는 그의 일생을 바꿀 만한 일생일대의 결심을 했다. 그는 권태롭기 그지없는 자신의 일을 재미있게 만들기로 마음 먹었다. 사실 그의 일이란 보잘것없는 것이었다. 다른 친구들이 야구를 하거나 여학생들과 데이트를 하고 있을 때, 그는 학교 식당에서 접시를 닦거나 아이스크림을 팔아야 했다. 솔직히 그는 자신의 일을 경멸하고 있었다.

그러나 어쩔 수 없이 일을 계속해야 하는 상황이었다. 그래서 어차피 이 일을 계속해야 한다면 아이스크림에 대한 연구를 해보기로 했다. 제조 과정, 재료, 맛과 향에 대한 연구는 물론 아이스크림의 화학식 구조를 연구한 것이다.

이 연구 덕분에 그는 고등학교 화학 과목에서 최우수 학생이 되었다. 평소 영양학에 관심이 많았던 그는 매사추세츠 주립대학교에서 식품학을 전공하게 되었고, 뉴욕의 코코아 거래소가 주최한 '코코아와 초콜릿의 이용에 관한 현상 논문' 공모에서 입선해 1백 달러의 상금을 받게 되었다.

그러나 졸업 후 취직이 되지 않자 이번에는 자신의 집 지하실에 연구소를 차렸다. 마침 우유 속의 박테리아 함유량을 표시해야 한다는 새로운 법률이 시행되자 암허스트에 있는 14개 우유 회사는 그에게 박테리아 함유량을 분석하는 일을 의뢰했다. 그로부터 25년 후 그가 어떤 삶을 살았을까는 각자의 상상에 맡기겠다. 분명한 것은 그가 자기 분야의 최고가 되었다는 것이다.

자신의 운명에 대해 불평불만을 늘어놓는 대신 권태로운 일을 재미

있고 즐겁게 하려는 그의 노력이 없었다면 아마도 성공할 기회조차 갖지 못했을 것이다.

다음은 뉴스 해설가인 칼덴본이 권태로운 일을 어떻게 흥미로운 일로 만들었는지에 대한 이야기다.

✚ 즐겁게 일해서 성공한 뉴스 해설가 칼덴본

그는 스물두 살 되던 해 가축 수송선에서 소에게 사료를 주는 일을 하며 대서양을 건넜다. 영국에서 프랑스까지는 자전거 여행으로 겨우 도착했으나 빈털터리 신세가 되었다. 카메라를 5달러에 저당잡히고 그 돈으로 신문에 구직 광고를 내어 운좋게 취직을 했다. 그 일이란 입체 환등기를 방문 판매하는 것이었다. 그는 프랑스어를 구사하지 못했지만 처음 1년 동안 무려 5천 달러를 벌어 최고의 세일즈맨이 되었다. 당시 나를 만났을 때 그는 이런 말을 했다.

"그때 1년 동안의 경험은 하버드대학교에서 배운 1년보다 더 값진 것이었습니다."

그가 최고의 세일즈맨이 될 수 있었던 비결은 산도 옮길 만한 자신감 때문이었다. 당시 그는 프랑스 부인들에게 '국회 의사록'도 팔 수 있을 정도로 자신감에 차 있었다고 했다.

이 경험 덕분에 프랑스인에 대한 이해가 깊어졌으며, 그것은 훗날 그가 유럽의 시사적인 사건을 해설하는 데 큰 도움이 되었다.

그렇다면 프랑스어를 못하던 그가 어떻게 일류 세일즈맨이 될 수 있었을까? 일단 그는 고용주에게 판매에 필요한 말들을 프랑스어로 써달라고 해서 그것을 통째로 암기했다. 먼저 현관문의 벨을 누르면 가정주부가 나온다. 칼덴본은 배를 움켜잡을 만큼 우스운 액센트로 암기한 말들을 꺼낸다. 그리고 사진을 보여 준다. 그러다 상대편에서 질문을 하면, 어깨를 움찔하며 이렇게 말한다. "아메리칸, 아메리칸." 그 다음에는 모자를 벗고, 그 안쪽에 붙여 둔 판매용 프랑스어 문구를 내보인다. 그러면 그 가정주부는 대개 웃음을 터뜨린다. 그도 따라 웃는다. 그리고 다시 다른 사진들을 보여 주는 그런 순서였다. 칼덴본은 이 일이 결코 쉬운 것은 아니었지만 재미있게 하려고 노력했기 때문에 끝까지 해낼 수가 있었다고 말했다. 매일 아침 집에서 출발하기 전에 거울을 보며 그는 이렇게 다짐했다.

"칼덴본, 너는 이 일을 해내지 못하면 밥을 굶게 된다. 어차피 해야 할 일이라면 유쾌하게 해보자. 현관문에서 벨을 누를 때, 너는 조명을 받고 서 있는 배우로 생각하고, 수많은 관중이 너를 보고 있다고 상상해 봐. 결국 네가 하고 있는 일은 무대 위의 연극과 마찬가지로 재미있는 거야. 그러니까 더 많은 정열과 흥미를 쏟아 보자!"

이처럼 자신에게 매일 되풀이해서 한 격려의 말이, 처음에는 하기 싫던 일을 오히려 흥미롭고 유익한 것으로 바꿔 주었다고 했다.

"우리의 일생은 우리의 사고에 의해 만들어진다."

이 말은 지금으로부터 18세기 전, 마르쿠스 아우렐리우스가 《수상록》에 썼을 당시뿐만 아니라 오늘날에도 여전히 진리다. 나는 하루 종일 나 자신과의 대화를 할 때면 용기와 행복, 힘, 평화에 대해 생각한다. 예를 들어 '감사하다'는 말을 생각하면 힘이 솟아나서 유쾌해지고 가슴이 벅차다.

　긍정적으로 생각한다면 싫은 일마저도 흥미롭게 만들 수 있다. 고용주는 언제나 우리가 일에 흥미를 느껴 좀더 높은 수익을 올릴 수 있기를 바란다. 이것은 비단 일에 대한 관심뿐만 아니라 스스로에 대해 흥미를 가지는 것이 어떤 도움이 되는지 생각해 볼 필요가 있다. 그렇게 되면 인생에서 얻는 행복을 두 배로 늘릴 수 있을 것이다.

　우리는 깨어 있는 시간의 절반은 일을 하면서 보낸다. 만일 일 속에서 행복을 찾을 수 없다면 어디에서도 행복을 찾지 못할 것이다. 일에 흥미를 갖게 된다면 고민에서도 해방될 것이다.

　결과적으로 직장에서 승진하게 되고, 좀더 많은 급여도 받게 될 것이다. 설령 그렇지 못한다 해도 피로를 최소한으로 줄여 더 많은 여가를 즐길 수 있게 될 것이다.

> **? 오늘을 사는 지혜의 물음**
>
> 1. 일을 하는 것이 즐거운가?
> 2. 일의 능률을 감퇴시키는 유일한 원인은 지루함이다.
> 3. 어차피 할 일이라면 즐겁게 하라.

05 걱정병의 동반자, 불면증

DALE CARNAGIE

언제나 하늘이 당신을 돌봐 줄 것이다. 쉬어라, 쉬어라. 몸을 풀고 푹 쉬어라.

수면에 대한 고정관념을 깨라

숙면을 취하지 못해 항상 고민하는가? 여기 평생을 푹 자지 못했지만 무병장수했던 변호사 새뮤얼 운터마이어의 이야기를 듣는다면 불면증 따위는 걱정할 필요가 없다는 사실을 알게 될 것이다.

새뮤얼은 대학에 다닐 때, 천식과 불면증으로 고통받았다. 유명하다는 의사를 찾아가 봤지만 전혀 효과가 없었고, 불면증은 갈수록 심각해져갔다. 그래서 그는 쓸데없는 생각으로 밤마다 침대에서 뒤척이며 고민하느니 차라리 그 시간에 독서를 하기로 결심했다. 그 결과 새뮤얼은 줄곧 학과 우등생 자리를 유지할 수 있었고, 뉴욕시립대학교의 '천재'라는 별명을 얻게 되었다.

변호사가 된 이후에도 그의 불면증은 계속되었다. 하지만 그에게 불면증 따위는 전혀 문제가 되지 않았다. 그는 불면증에 대한 걱정 대신 자신에게 늘 이렇게 속삭였다.

"언제나 하늘이 날 돌봐 줄 거야."

잠자는 시간이 턱없이 부족했으나 건강에는 전혀 이상이 없었다. 오히려 모두 잠자는 시간에 홀로 연구에 매진한 덕분에 언제나 남보다 탁월한 성과를 낼 수 있었다.

스물한 살의 나이에 연봉 7만 5천 달러를 받았으며, 1931년에는 당시 최고 수임료인 1백만 달러를 받기도 했다. 물론 이때도 그는 여전히 불면증에 시달리고 있었다. 그는 매일 밤을 독서를 하며 보냈고, 새벽 5시에 하루를 시작했다. 그 덕분에 남들이 일을 시작하기 훨씬 전에 이미 하루 업무의 반 정도를 마치곤 했다.

새뮤얼은 불면증에도 불구하고 여든한 살까지 장수했다. 물론 다른 사람들이 밤마다 즐긴 단잠의 맛을 알지 못했지만 말이다. 하지만 만약 그가 밤마다 독서를 하며 건설적으로 시간을 보내는 대신, 불면증 자체를 고민했다면 그의 일생은 어떻게 되었을까? 만약 그랬다면 분명히 그의 삶은 만신창이가 되었으리라.

인간은 일생의 3분의 1을 수면으로 보내면서도 진정한 수면에 대해서는 잘 알지 못한다. 수면은 하나의 습관이며, 자연의 품안에서 포근하게 쉬는 '휴식 상태'라고 생각할 뿐 자신에게 맞는 수면 시간, 수면이 왜 필요한지에 대해서는 모르고 있다. 이 말을 믿지 못하겠다면 다음 이야기에 귀기를 귀울어 보라.

제1차 세계대전 중에 한 헝가리 병사가 머리에 총상을 입었다. 완치 이후 그는 이상하게도 불면증에 시달렸다. 의사는 온갖 진정제와 수면제 처방은 물론 최면 요법까지 동원했으나 전혀 효과가 없었다. 그는 여전히 잠들기는커녕 졸음조차 느끼지 못했다. 의사들은 이구동성으로 그가 머지않아 죽을 것이라고 했으나 그는 마치 의사들을 비웃듯이 회사에 취직까지 했으며, 오랫동안 건강하게 생활했다. 그는 침대에 누워 눈을 감고 있었을 뿐 잠들지는 않았다. 이와 같은 사례는 수면에 대한 우리의 고정관념을 뒤엎는 의학상의 수수께끼라 하겠다.

　수면 시간은 사람마다 다르다. 하루 5시간을 자면 충분했던 토스카니니와 달리 캘빈 쿨리지 미국 대통령은 11시간 이상을 자야 했다.

　클라이트만 박사는 불면증으로 고민하는 사람들은 그렇지 않는 사람들에 비해 훨씬 더 많은 시간 수면을 취하게 된다고 했다. 그런데도 그들은 "어젯밤에는 한숨도 자지 못했다"고 말한다는 것이다.

　19세기 사상가 허버트 스펜서는 불면증에 시달리며 평생을 독신으로 살았다. 그는 평소 사람들을 만나면 자신의 불면증에 대해 지루할 정도로 말하곤 했다. 그는 소음에 민감해서 귀를 막거나 깊은 잠을 자기 위해서 아편을 먹기도 했다.

　그러던 어느 날 밤, 그는 옥스퍼드대학교의 세이스 교수와 함께 한 호텔방에서 하룻밤을 묵은 일이 있었다. 이튿날 아침, 스펜서는 밤새도록 한잠도 자지 못했다고 말했다. 그런데 실제로 잠을 자지 못한 사람은 세이스 교수였다. 그는 스펜서의 코고는 소리 때문에 밤새도록 잠을 이루지 못했던 것이다.

숙면을 취하기 위한 첫째 조건은 안정감이다. 그러기 위해서는 어떤 위대한 힘이 아침까지 우리를 지켜주고 절대적인 믿음이 필요하다. 토머스 히슬로프 박사는 영국의학협회 강연에서 이렇게 말했다.

"내 오랜 경험에 의하면, 잠을 푹 자게 하는 가장 강력한 힘은 바로 기도다. 매일 밤 습관적으로 올리는 기도는 우리에게 신경안정제가 되어 줌으로써 편안한 잠을 잘 수 있게 해준다."

모든 걱정에서 무장해제하라

만일 이런 방법이 싫다면 물리적인 방법으로라도 쉬는 법을 배워야만 한다. 《신경성 긴장으로부터의 해방》이라는 책을 저술한 데이비드 해롤드 핑크 박사는 가장 좋은 방법은 자기 신체와의 대화라고 말하고 있다.

핑크 박사는 대화야말로 모든 종류의 최면에 관건이라고 주장했다. 잠을 이루지 못하는 것은 스스로를 불면 상태에 빠뜨리고 있기 때문이라는 것이다. 이것을 고치기 위해서는 자기 최면으로부터 깨어나야만 한다. 그리고는 신체의 근육에 이런 말을 들려주는 것이다.

"쉬어라, 쉬어라. 몸을 풀고 푹 쉬어라."

우리는 이미 근육이 긴장된 상태에서는 마음과 신경도 쉴 수 없다는 사실을 잘 알고 있다. 그러므로 잠을 자려면 우선 근육에서부터 잠을 청해야 한다. 핑크 박사는 다음과 같이 권하고 있다. 즉 다리의 긴장을 풀기 위해 무릎과 팔 밑에 작은 베개를 놓아 턱, 눈, 팔, 다리를 이완시키면 어느 새 잠들고 만다. 이에 대해서는 나도 경험이 있기에 알고 있다.

인간이 완전히 피로해지면 전쟁의 위험, 공포, 포화 속에서도 잠을 잔다. 유명한 신경의학자 포스터 케네디 박사는 1918년에 영국 제5군단이 후퇴할 때, 병사들이 땅위에 쓰러져 깊이 잠들어 있는 것을 목격했다. 손가락으로 그들의 눈꺼풀을 열어 보았는데도 계속 잠에 빠져 있었다. 그들의 동공은 모두 위쪽으로 올라가 있었다. 케네디 박사는 이후 다음과 같은 말을 했다.

"그 후 나는 잠이 오지 않을 때는 눈동자를 회전시키는 운동을 했다. 그러면 곧 하품이 나오고 졸음이 쏟아진다. 이것은 무조건반사로, 스스로 통제할 수가 없다."

아무튼 수면을 취하지 못해 자살한 사례는 아직 없다. 아마 앞으로도 없을 것이다. 그러나 자연은 인간의 의지력에도 불구하고 인간에게 잠자기를 강제한다. 우리는 오랫동안 먹지 않고 견딜 수 있으나 잠을 자지 않고는 그리 오래 버틸 수 없다.

자살이란 이야기기가 나왔으니 말이지만, 나는 헨리 링크 박사가 저서 《인간의 재발견》에서 자살을 시도한 불면증 환자에게 다음과 같이 말한 것을 기억한다.

"만일 당신이 기필코 자살을 하겠다면 적어도 영웅처럼 시도해 보시오. 이를테면 시가지 한 블럭을 정해 죽을힘을 다해 달음박질하다가 죽는다면 어떨까요?"

그 환자는 그의 말대로 해보았다. 한 번뿐만 아니라 두 번, 세 번을 계속 시도해 보았다. 그런데 그때마다 마음이 상쾌해졌다고 한다.

사흘째 밤이 되자 '육체적으로 긴장이 풀린' 그 환자는 곧바로 잠에 곯아떨어졌다. 링크 박사는 처음부터 이러한 결과를 노리고 있었던 것이다. 그 후 그 환자는 스포츠클럽에 가입하여 게임을 즐겼다. 그리고 기력이 완전히 회복되자 오래 살고 싶다는 생각을 하게 되었다.

> **? 오늘을 사는 지혜의 물음**
>
> 1. 당신은 충분히 쉬고 있는가?
> 2. 이제 몸을 풀고 푹 쉬어라.
> 3. 모든 걱정에서 무장해제하라.

매순간 활기차게 사는 6가지 법칙

1. 휴식으로 하루에 한 시간을 더 창조하라.

① 피로해지기 전에 휴식하라. 피로는 걱정의 주요 원인이다. 완전한 휴식이 있는 곳에 피로는 존재할 수 없다.

② 낮잠은 최고의 휴식이다. 군대에서 실시하는 것처럼 실행하라.

③ 휴식하라. 대신 일할 때는 당신의 심장처럼 열정적으로 일하라.

④ 피로해지기 전에 쉬어라. 그렇게 하면 깨어 있는 인생에 하루 한 시간의 시간을 더 창조할 수 있다.

2. 피로를 푸는 방법을 배워라.

① 피로는 정신에서 비롯된다. 평소 일할 때 건강에 좋은 습관을 갖는다.

② 휴식도 습관이다. 자기만의 건강 유지법을 개발하여 실행한다.

③ 가능하면 편안한 자세로 일한다.

3. 다음 네 가지 좋은 업무 습관을 길러라.

① 지금 당장 업무와 관계없는 서류는 책상위에서 모두 치운다.

② 중요도에 따라 우선순위를 정해 처리한다.

③ 무슨 일이든지 즉시 해결하고 미루지 않는다.

④ 권한 위임, 지휘 감독, 조직화한다.

4. 일에 열정을 쏟아라.
    ① 피로의 주요 원인 중 하나는 권태다. 또한 지루한 일을 할 때 피로를 느끼고 그로 인해 일의 능률이 떨어진다.
    ② 어차피 하는 일이라면 일을 즐겁게 하라. 이것이 걱정에서 해방되는 유일한 길이다.

5. 불면증을 이기는 방법
    ① 수면에 대한 고정관념을 깨라. 수면부족으로 죽은 사람은 없다는 사실을 기억하라. 오히려 불면증에 대한 걱정이 해를 끼치는 것이지 불면증 자체가 해를 끼치는 것은 아니다. 그러므로 잠에 대한 모든 무장해제를 하라.

제 5 장

고민을 하기엔 인생은 너무 짧다

DALE CARNAGIE

DALE CARNAGIE

01
바쁘게 살면 고민할 겨를이 없다

괴로워지는 까닭은 자신이 현재 행복한지 불행한지를 생각해 보는 여유를 갖는 데서 생긴다.

깊은 고통에서 벗어나는 법

나는 수강생이었던 마리온 더글러스 씨와 같이 했던 어느 날 밤을 결코 잊을 수가 없다. 그가 내 강좌를 수강할 때 직접 들려준 이야기다.

✚ 두 딸을 잃은 슬픔을 일을 통해 떨쳐낸 아버지

그의 가정에는 연거푸 두 번씩이나 커다란 불행이 닥쳤다. 처음에는 다섯 살 난 귀여운 딸을 잃었다. 이들 부부에게는 견딜 수 없는 일이었지만, 10개월 후에 다시 딸이 태어났다. 그런데 그 어린 딸마저 생후 닷새 만에 세상을 떠났다. 연달아 닥친 불행으로 이들 부부는 견딜 수 없는 고통을 겪었다. 그때의 심경을 그는 이렇게 말했다.

"전혀 일이 손에 잡히지 않더군요. 잠을 잘 수도 없었고, 음식도 먹을 수 없었으며, 마음의 안정도 찾을 수 없었지요. 저는 완전히 의욕을 상실했고 매사에 자신감을 잃었습니다."

그는 당시 자신의 심정을 이렇게 말했다.

그는 견딜 수 없는 고통과 근심에서 벗어나기 위해 의사를 찾아갔고, 그가 시키는 대로 약을 복용하거나 여행을 다니며 갖은 노력을 했지만 아무 소용이 없었다.

그러던 어느 날 그는 뜻밖의 일로 인해 근심과 고통에서 벗어날 수 있었다.

"갑자기 들이닥친 불행 앞에서 저는 너무나 고통스러워 신음하며 살아갈 이유마저 잃은 상태였습니다. 잠을 잘 수도, 음식을 먹을 수도 없었습니다. 마치 커다란 나사로 제 몸을 고정시켜 놓은 듯했습니다. 비탄과 고통에 짓눌려 본 사람만이 이 심정을 이해할 수 있을 겁니다. 그런데 다행스럽게도 제게는 아직 네 살배기 아들이 남아 있었습니다. 그 녀석이 제 문제를 해결해 주었어요.

어느 날, 넋이 나간 듯 멍하니 앉아 있던 제게 아들 녀석이 다가와 "아빠, 보트 만들어 주세요"라고 졸라대는 것이었습니다. 도무지 그럴 기분이 나지 않았지만, 그 녀석은 계속 성가시게 했습니다. 결국 제가 지고 말았습니다.

보트를 만드는 데 거의 세 시간이나 걸렸습니다. 그런데 놀랍게도 그 세 시간 동안 처음으로 얼마만의 휴식이었는지 모를 만큼 평온함을 느낄 수 있었습니다.

저는 이 일로 중요한 사실 하나를 깨달았습니다. 어떤 일에 몰두하는 순간만큼은 근심과 걱정을 모두 잊게 된다는 사실을 알게 되었던 거죠. 그날 저녁 앞으로 삶을 보다 적극적으로 살아가겠다는 생각이 들더군요. 그러고 나서 집안을 둘러보니 책장, 계단, 덧문, 문고리, 자물쇠, 수도꼭지 등 수리해야 할 것들이 여기저기 널려 있는 게 보였습니다. 놀랍게도 2주일 동안에 무려 242건의 일거리를 해치웠습니다. 이것은 앞으로 제가 2년 동안 처리할 분량의 일감이었습니다.

그 후로 저는 흥미롭고 생산적인 활동을 즐기게 되었습니다. 일주일에 두 번 뉴욕에서 열리는 자기계발 강좌를 듣고, 평일에는 마을에서 열리는 마을 주민행사에 참여하고 있으며, 교육위원회 의장직도 맡게 되었습니다. 이 밖에도 적십자와 그 산하 복지단체에서 주최하는 모금행사를 돕고 있습니다. 이렇게 바쁘게 생활하다 보니 고민하고 있을 틈이 없게 되었답니다."

✚ 바빠서 고민할 시간이 없었던 윈스턴 처칠

고민할 시간이 없다! 이것이야말로 윈스턴 처칠이 제2차 세계대전이 절정에 이를 무렵 하루 18시간씩 일하던 때에 한 말과 비슷하다.

"나는 너무나 바빠서 고민할 시간이 없다."

이 명언은 책임의 막중함 때문에 고민하는 일이 없느냐는 질문에 처칠이 대답한 말이다.

찰스 케터링도 자동차용 자동 시동기 발명에 착수했을 때 같은 처지에 있었다. 그는 은퇴할 때까지 제너럴 모터스의 부사장으로서 제너럴 모터스 연구소를 이끌었던 인물이다. 한때 그는 몹시 가난하여 창고 한 귀퉁이를 실험실로 사용하기도 했다. 부인이 식비를 충당하기 위해 피아노 레슨으로 벌어들인 1천5백 달러마저 쓰지 않으면 안 될 정도였다. 나중에 생명보험 불입금 가운데 5백 달러를 쓴 일도 있었다.

"그럴 때 고민이 되지 않았습니까?" 하고 내가 묻자, 그의 부인은 이렇게 대답했다.

"네, 저는 걱정이 되어 밤마다 잠을 설쳤습니다. 하지만 남편은 그렇지 않았어요. 일에 열중한 나머지 고민할 틈이 없었거든요."

과학자 파스퇴르는 도서관과 실험실의 평화와 즐거움에 대해 말한 적이 있다. 그곳에서 어떻게 평화를 찾을 수 있었을까?

도서관과 실험실에 있는 사람들은 연구에 몰두하기 때문에 고민할 여유가 없다. 연구에 전념하는 사람은 보통 신경쇠약에 걸리지 않는다. 그런 사치를 부릴 시간이 없기 때문이다.

분주한 일이 어떻게 불안해소에 도움이 될까? 이것은 심리학에서 밝혀진 가장 기본 법칙이다. 아무리 뛰어난 사람이라도 한 번에 한 가지 이상을 생각하는 것은 불가능하다는 것이다. 믿기 어려우면 실험해 보자.

걱정병 처방 1 : 바쁘게 살아라

지금 당장 의자에 깊숙이 앉아 눈을 감아 보라. 그리고 자유의 여신상과 내일 아침에 하려고 생각하는 일을 동시에 떠올려 보라. 어떤가?

번갈아가며 두 가지 일은 생각할 수 있겠지만 동시에 두 가지를 처리할 수 없다는 사실을 알았을 것이다. 이것은 감정 영역에서도 마찬가지다. 한편으로 신바람이 나는 일에 몰두하면서 다른 한편으로 고민에 빠지는 것은 불가능하다. 하나의 감정은 다른 감정을 몰아낸다. 이 단순한 발견으로 전쟁의 와중에서 정신과 군의관들은 기적을 이뤄냈다. 전쟁터에서 무서운 경험에 짓눌려 후송된 장병들에게 대체적으로 '신경쇠약증'이라는 진단이 내려진다. 이때 군의관들은 그들을 바삐 움직이게 하는 것'이야말로 최선의 치료법으로 보았다. 정신 이상을 일으킨 사람들에게 자는 시간을 제외하고는 계속 활동하게 만드는 것이 처방이었다. 낚시, 사냥, 야구, 골프, 사진, 정원 가꾸기, 댄스 등 야외 활동이 주를 이뤘다. 지난날의 괴로운 경험들을 생각할 여유를 주지 않기 위해서였다.

직업에 의한 치료법, 이것은 마치 직업이 약제인양 처방될 경우에 정신병학에서 쓰는 학술 용어다. 이 치료법은 조금도 새로운 것이 아니다. 고대 그리스 의사들은 기원전 5백 년 경에 벌써 이 효과를 주장했다.

퀘이커 교도는 벤자민 프랭클린 시대에 필라델피아에서 이 요법을 사용했다. 1774년, 퀘이커 교도의 요양소를 방문한 어떤 사람은 정신병자들이 바쁘게 아마(亞麻)를 뽑는 모습을 보고 깜짝 놀랐다.

그는 퀘이커 교도들로부터 환자들이 일하는 것은 병 치료에 도움이 된다는 말을 듣기 전까지는 환자들이 착취당하고 있다고 생각했다. 정신과 전문의는 환자들이 일에 분주하다 보면 신경이 안정된다는 것을 활용한 치료법이다.

헨리 롱펠로도 젊은 아내를 잃었을 때 이 사실을 깨달았다. 어느 날 그의 아내는 촛불로 봉랍을 녹이다가 옷에 불이 옮겨 붙는 사고를 당했다. 롱펠로가 그녀의 비명 소리를 듣고 달려갔을 때는 이미 늦었다. 결국 그녀는 화상을 입고 세상을 떠나고 말았다.

그 후 얼마 동안 롱펠로는 그때의 무서운 경험이 자꾸 떠올라 괴로워하다가 거의 미칠 지경에 이르렀다. 그러나 불행 중 다행인 것은 그에게 보살펴야 할 어린 세 자식이 있다는 사실이었다. 슬픔을 딛고 아이들에게 어머니 노릇까지 해야 했다. 그는 아이들의 손을 잡고 함께 공원을 거닐었고, 이야기를 들려주거나 같이 놀아 주었다. 이들 부자간의 애틋한 정은 그의 시 〈아이들의 시간〉과 함께 영원히 살아 있다. 그는 또 아이들을 위해 단테의 《신곡》을 번역했다. 이렇게 여러 가지 일로 매우 분주했기 때문에 깊은 슬픔에서 벗어나 마음의 평화를 찾을 수 있었다.

걱정병 처방 2 : 자신을 잊을 정도로 일에 몰두하라

테니슨은 친구인 아더 할림을 잃었을 때 이런 말을 했다.

"자기 자신마저 잊을 정도로 일에 몰두하라. 그렇지 않으면 절망 때문에 파멸하게 될 것이다."

물론 대부분의 사람들도 날마다 쉴 새 없이 일하고 있기 때문에 일에 몰두하는 것은 어렵지 않다. 다만 정작 위험한 것은 일이 끝난 뒤의 시간이다. 자유롭게 시간을 즐기고 행복해야만 할 순간에 고민이라는 악마가 공격해 오는 것이다.

여유 시간이 생기면 갖가지 생각이 뇌리에 떠오르기 시작한다. 우리의 생활은 조금씩 나아지고 있는 걸까? 제대로 목표에 도달할 수 있을까? 오늘 회사에서 부장이 생뚱맞은 말을 했는데 대체 무슨 뜻일까? 생각이 꼬리에 꼬리를 물며, 마음이란 녀석은 쉴 새 없이 걱정거리를 만들어 낸다.

원래 사람의 마음은 바쁘지 않을 때면 진공 상태에 빠지기 쉽다. 물리를 배운 사람이라면 누구나 '자연은 진공을 싫어한다'는 사실을 알 것이다. 우리 주변에서도 이러한 사례를 쉽게 볼 수 있는데, 집안의 백열전구를 깨뜨려 보라. 자연은 진공에 공기를 채우듯 공허한 마음까지도 무언가로 채우려 한다. 자연은 눈코 뜰 새 없이 분주하게 해서 마음을 채운다. 그렇다면 무엇으로 채울까? 보통은 감정으로 채운다. 왜냐하면 고민, 공포, 증오, 질투, 선망 등의 감정은 원시 시대의 역동적인 에너지와 원시적인 활력에 의해 추진되기 때문이다. 이러한 감정들은 우리 마음에 있는 평화롭고 행복한 사상이나 감정을 몰아내려 든다.

콜럼비아대학교의 교육학 교수 제임스 머셀은 이것을 다음과 같이 설명했다.

"고민은 인간이 행동하고 있을 때는 숨어 있다가 하루의 일과가 끝날 무렵에 가장 강력하게 공격해 온다. 우리의 상상력도 이즈음에 발동이 걸려서 분방해진다. 이때 온갖 그릇된 정보를 불러들여 때로는 어처구니없는 큰 실수를 저지르게 만든다. 이때 마음은 마치 짐을 싣지 않고 달리는 마차처럼 질주하다가 축바퀴부터 불이 붙든가 산산조각이 날 염려가 있다. 그러므로 고민을 치료하기 위해서는 건설적인 일에 몰두하는 것이 최고다."

그러나 이 진리를 깨닫고 실행에 옮기는 일이 굳이 대학교수라야만 되는 것은 아니다. 세계대전 중에 나는 시카고에서 온 한 주부를 만난 적이 있는데, 그녀는 '고민에 대한 치료법은 무엇이든 건설적인 일에 몰두하는 것'이라는 사실을 깨달았다고 한다. 뉴욕에서 미주리 주의 한 농장으로 기차를 타고 가다가 식당칸에서 만난 부인 내외로부터 들은 이야기다.

✚ 외아들을 군대에 보내고 불안해하던 어머니

그들에게는 아들이 한 명 있었는데 진주만 공격이 있던 바로 다음날 입대했다. 부인은 외아들이 걱정되어 신경쇠약에 걸릴 정도였다. '지금 어디에 있을까? 무사하게 잘 있을까? 지금쯤 포탄이 터지고 총알이 난무하는 전쟁터에 있지는 않을까? 혹시 어디 부상당하지는 않았을까? 전사하지는 않았을까?' 하는 생각이 꼬리를 물었다.

가만히 있으면 걱정 때문에 미칠 것 같아, 그녀는 한시도 쉬지 않고 일에 몰두했다. 우선 하녀를 내보내고 가사일에 몰두하여 몸을 놀리지 않았다. 그러나 별로 도움이 되지 않았다.

"집안일이래야 워낙 익숙하다 보니 기계적으로 자연스럽게 할 수 있는 것이라, 몸이 아무리 바빠도 머리는 여전히 아들 걱정에 꽉 차 있었죠. 하루 종일 정신적으로나 육체적으로 바쁠 수 있는 새로운 일이 필요하다는 생각이 들었습니다. 그래서 결심한 것이 바로 백화점 점원이 되는 것이었지요. 생각했던 대로 몹시 바쁘더군요. 생활의 소용돌이 한가운데로 뛰어든 겁니다. 값이라든가 치수, 빛깔을 묻는 수많은 손님들에게 시달리다 보니, 눈앞에 있는 것말고는 생각할 틈이 단 1초도 없었죠. 밤이 되면 피곤한 다리를 빨리 쉬게 해줘야겠다는 생각밖에 나지 않았습니다. 어쨌든 저녁식사만 하고 나면 바로 침대에 쓰러져 코를 골게 되었어요. 고민할 여유나 기력이 없게 되더군요."

그녀는 존 쿠퍼 포이스가 《불안을 망각하는 기술》에서 쓴 내용을 체득했던 것이다.

"온갖 즐거운 행복감이나 깊은 내면적 평화, 행복한 마비상태는 정해진 일에 몰두할 때 찾아온다. 몰두할 때 비로소 신경이 진정되니까 말이다."

전에 나는 세계에서 가장 유명한 여성 탐험가 오사 존슨으로부터 고민과 슬픔에서 해방된 실화를 직접 들은 일이 있다. 그녀가 쓴 책 《나는 모험과 결혼했다》는 너무도 유명한데, 책 제목 그대로 그녀는 모험과 결혼한 여자였다. 그녀는 열여섯 살 때 마틴 존슨과 결혼했다. 이 부부는 캔자스에서 비행기로 출발하여 보르네오의 밀림에 착륙한 후 25년 동안 세계를 두루 탐험했다. 그리고 아시아와 아프리카와 사라져가는 야생동물의 생태를 영화화했다.

9년 전에 이 부부는 미국으로 돌아와 영화를 상영하며 강연을 다녔다. 그런데 덴버에서 태평양 연안으로 가던 도중, 그들이 탄 비행기가 산과 충돌하여 마틴 존슨이 즉사했다. 의사는 오사 존슨에게 재기불능이라는 진단을 내렸다. 그러나 그는 오사 존슨이라는 인간을 모르고 있었다. 3개월 후에 그녀는 휠체어에 앉아 수많은 청중 앞에서 강연을 했다. 사실 그녀는 이 무렵에 1백 회 이상 강연을 했던 것이다.

그녀는 이렇게 말했다.

"슬퍼하거나 고민할 시간을 갖지 않기 위해서였어요."

오사 존슨은 1백 년 전에 테니슨이 "나는 활동에 몰두하지 않으면 안 된다. 그렇지 않으면 위축되고 말 것이다"라고 읊은 진리를 깨달았던 것이다.

또한 버드 제독은 남극을 뒤덮고 미국과 유럽을 합친 것보다도 더 큰 대빙하기의 남극대륙 만년설에 덮인 오두막 속에서 고독한 생활을 보내면서 이 진리를 터득했다. 그는 다섯 달 동안을 그곳에서 고독하게 지냈다. 주위 1백 마일 이내에 생물이라고는 찾아볼 수가 없었다. 혹한이 얼마나 심했던지, 바람이 불면 입김이 얼어붙는 소리를 들을 수 있을 정도였다.

그의 저서 《혼자서》에는 사람을 당황하게 만들고 정신을 약화시키는 암흑에 대한 묘사가 등장한다. 낮도 밤과 마찬가지로 어두웠다. 그는 정신을 잃지 않기 위해 항상 몸을 바쁘게 움직여야 했다.

"밤에 등불을 끄기 전에, 다음날 할 일을 계획하는 습관을 길렀다. 이를테면 대피용 터널을 만드는 데 한 시간, 눈 치우는 데 30분, 연료 드럼통을 정비하는 데 한 시간, 식료품 터널의 벽에 책꽂이를 만드는 데 한 시간, 썰매의 브릿지를 갈아 끼우는 데 두 시간……. 이와 같이 시간을 할당하는 것은 참으로 훌륭한 착안이었다. 이로써 나는 자제심을 유지할 수 있었다. 이런 일이 없었더라면 하루하루를 보내는 목적이 없어졌을 것이고, 목적이 없는 나날이 계속되면 생활 자체가 무너졌을 것이다."

여기서 '목적이 없는 나날이 계속되면'이란 구절을 반드시 기억해 주기 바란다. 마음속에 걱정거리가 생겼다면 예전부터의 풍습대로 일을 약처럼 사용해야 한다. 하버드 대학교 임상학 교수였던 리처드 캐보트 박사는 《인간은 무엇으로 사는가》라는 저서에서 이렇게 말했다.

"의혹이나 주저, 동요, 공포에서 오는 영혼의 마비상태 때문에 사람들은 고민한다. 그들이 일에 몰두함으로써 얻게 되는 용기는 일찍이 에머슨이 영원히 빛난다고 노래한 자기 신화와 같다고 생각한다."

만약 분주하게 움직이지 않고 공허하게 생각에 잠긴다면 찰스 다윈이 '웝버 기버스'라고 불렀던 것을 많이 부활시키게 될 것이다. 웝버 기버스란 '꼬마 악마'와 같은 것으로, 만약 그것에 붙들리게 되면 우리의 행동력이나 의지력은 꺾이고 만다.

고민은 습관병이다

다음은 근심과 걱정을 극복한 트램퍼 롱맨이라는 사람의 이야기다.

✚ 고민이 습관이 된 통조림 회사 직원

"18년 전, 저는 극심한 번민으로 불면증에 시달렸습니다. 날이 갈수록 긴장과 초조감이 더해져 신경쇠약 증세로 발전했지요. 사실 제게는 그럴 만한 까닭이 있었습니다. 저는 뉴욕에 있는 한 과일 통조림 회사 경리직원으로 근무할 때 50만 달러의 딸기를 구입한 적이 있었습니다. 그런데 20년 동안이나 아이스크림 회사에 납품해 왔던 통조림 거래가 갑자기 뚝 끊기고 말았습니다. 한순간에 50만 달러의 딸기가 재고품이 되어 버렸죠. 대규모 아이스크림 제조업자들이 원가절감을 위해 자체적으로 다량의 딸기를 구입해 아이스크림을 생산했기 때문이었습니다.

이렇게 되자 50만 달러의 딸기가 재고로 남게 된 것은 물론이거니와 앞으로 1년간 사용할 1백만 달러 딸기 매입 계약서도 체결한 상태였습니다. 설상가상으로 우리 회사는 은행에서 35만 달러를 대출한 상태여서 더 이상 대출할 수도 없는 상태였습니다. 사태가 이쯤 되자 제가 고민하게 된 것도 무리가 아니었습니다.

저는 급히 캘리포니아에 있는 공장으로 달려가 사장에게 회사가 파산 위기에 직면했다고 보고했습니다. 그런데 사장은 제 말을 믿으려 하지 않고 오히려 뉴욕 사무소가 무능한 탓이라고 노발대발했습니다. 며칠을 두고 설득한 끝에, 딸기 통조림 제조를 중지시키고, 가까스로 딸기를 다른 과일 시장에 팔기로 했습니다. 이유나 과정이 어떻든 이 문제가 해결되었으니 제 고민도 당연히 해소된 것 같았지만, 실상은 그렇지 않더군요. 고민은 습관이 되는 병입니다. 저는 어느 새 그 습관을 갖게 되었습니다.

뉴욕으로 돌아온 후에도 저는 모든 일을 할 때마다 노심초사했습니다. 이탈리아에서 사들인 버찌와 하와이에서 사들인 파인애플 등 여러 가지 일에 신경을 쓰고 있었습니다. 딸기 사건과 같은 일이 되풀이될까 봐 불안과 초초 속에 보내다 보니 급기야 신경쇠약 증세가 나타나기 시작했습니다.

그러나 절망 끝에서 저는 새로운 희망을 찾을 수 있었습니다. 그 덕분에 불면증과 고민에서 빠져나올 수 있었지요. 제 모든 능력을 요구하는 문제에 몰두했던 것입니다. 그러다 보니 자연히 고민할 시간이 없었습니다. 지금까지는 하루 7시간씩 일해 왔지만, 이후부터는 하루 16시간씩 일을 해야 했습니다. 아침 일찍 출근해서 밤늦게 퇴근하다 보니 집에 돌아오면 피곤에 지쳐 자리에 눕자마자 그냥 곯아떨어지는 일도 다반사였습니다. 이런 상태는 무려 3개월이나 계속되었습니다. 그랬더니 저도 모르게 고민하는 습관에서 완전히 벗어날 수 있었고, 그 후부터는 정상대로 7시간만 일하면 되었지요. 벌써 18년 전 일이지만 그 이후로 지금까지 불면증이나 고민으로 걱정해 본 적이 없습니다."

조지 버나드 쇼는 불과 몇 마디로 이 이치를 꿰뚫었다.

"괴로워지는 까닭은 자신이 현재 행복한가 불행한가 따위를 생각해 보는 여유를 갖는 데서 생긴다."

이처럼 행복해지려면 쓸데없는 생각에 잠겨서는 안 된다. 웝버 기버스가 부활하지 않도록 의도적으로라도 "자, 바쁘게 움직이자, 일하자!"라고 각자의 마음에다 외쳐 보라. 그렇게 하면 혈액순환도 잘되고, 두뇌 활동이 활발해져 힘찬 생명력이 고민을 몽땅 몰아내게 된다.

항상 몸을 바삐 움직여 일하라. 이 처방이야말로 이 세상에 있는 모든 약 중에서 가장 값싸고 가장 효험이 뛰어나다.

고민이 습관이 되는 것을 막기 위한 첫 번째 법칙은 다음과 같다. 당장 실행해 보라.

> **❓ 오늘을 사는 지혜의 물음**
>
> 1. 지금 바쁘게 생활하고 있는가?
> 2. 고민이 있으면 일에 몰두하라.
> 3. 그렇지 않으면 고민이 다시 자리할 것이다.

DALE CARNAGIE

02
시시하게 살기엔
인생은 너무 짧다

결혼생활에서 불행의 원인이 되는 것은
대부분은 지극히 사소한 일 때문이다.

사소한 일로 넘어지지 마라

나는 일생을 두고 잊을 수 없는 극적인 이야기를 알고 있다. 그것은 뉴저지의 로버트 무어 씨가 직접 들려준 이야기다.

✚ 극한 상황에서 소중한 삶을 되찾은 로버트 무어 씨

"1945년 3월, 도차이나 해안 276피트의 해저에서 있었던 일입니다. 저는 잠수한 바이야호에 탑승했던 80명 중 한 사람이었습니다. 우리는 레이더로 작은 일본 호위 선단이 우리 쪽을 향해 질주해 오는 모습을 발견했습니다. 잠망경을 통해 보니 일본군의 구축함, 유조선, 기뢰 부설함 가까이 오고 있었습니다. 우리는 구축함을 겨냥해 어뢰 발사를 했으나 명중시키지 못했습니다. 어뢰 발사 장치가 고장났던 것입니다.

일본 구축함은 공격을 받은 것도 모른 채 항진을 계속했습니다. 그런데 갑자기 일본군 기뢰 부설함이 우리를 향해 공격할 태세를 갖추었습니다. 일본군 비행기가 해저 60피트에 있던 우리를 발견하고 무전으로 우리의 위치를 알려 주었기 때문입니다.

우리는 적에게 발견되지 않기 위해 해저 150피트까지 잠항했습니다. 그리고 나서 적의 수중 폭뢰에 대항하기 위해 준비에 착수했습니다. 승강구에 여분의 볼트를 장치하고 배에서 소리가 나지 않게 하기 위해 선풍기, 냉방장치, 그 밖의 온갖 전기장치를 정지시켰습니다.

정확히 3분 뒤에 생지옥 같은 일이 벌어졌습니다. 6개의 폭뢰가 주위에서 폭발했고, 우리는 폭뢰를 피해 276피트의 해저로 내려가 바닥에 닿았습니다. 당시 우리 모두는 공포에 떨어야 했습니다.

잠수함은 1천 피트 이내에서 공격을 받으면 위험하고, 5백 피트 이내라면 치명적입니다. 그런데 우리는 수심 5백 피트의 절반 남짓한 곳에서 공격을 받은 것입니다. 안전도로 말하면 겨우 무릎이 감추어질 정도의 깊이에서 당한 것이었습니다.

이때부터 15시간 동안 일본의 기뢰 부설함은 끊임없이 폭뢰를 투하했습니다. 폭뢰가 잠수함과 15피트 안의 거리에서 터지면 그 진동으로 배에 구멍이 납니다. 그런데 폭뢰 대부분이 우리에게서 50미터 떨어진 거리에서 폭발했습니다.

우리는 침대에 누워 꼼짝하지 말라는 명령을 받았습니다. 공포에 질려 숨도 제대로 쉬지 못한 채 '이것이 마지막이구나! 이제 끝장이다!'

하고 탄식을 되풀이했습니다. 선풍기라든지 냉방장치가 모두 끊어졌기 때문에 잠수함 안의 온도는 40도가 넘었습니다. 그런데도 불구하고 저는 공포에 질려 온 몸이 떨려 스웨터에 가죽 자켓까지 입고 몸을 부들부들 떨고 있었습니다. 이를 악물어도 턱이 흔들리고 식은땀이 줄줄 흘러내렸습니다.

적의 무차별 공격은 15시간이나 계속되었습니다. 그러다가 갑자기 조용해졌습니다 일본군 기뢰 부설함은 폭뢰를 모조리 쏟아 붓고 가버린 것 같았습니다. 우리가 공격을 받은 15시간은 그야말로 1천5백만 년처럼 느껴졌습니다.

그러는 동안 제 과거가 눈앞에 펼쳐졌습니다. 살아오면서 크고 작은 악행을 비롯해 공연히 걱정하고 어리석게 굴었던 일들까지 죄다 떠올랐습니다.

저는 해군에 입대하기 전에 은행원이었는데, 근무 시간에 비해 급여는 적고 승진할 가망은 전혀 없었기 때문에 고민하고 있었습니다. 그도 그럴 것이 집 하나 장만하지 못했고, 새 차도 살 수 없었으며, 아내에게 변변한 옷 한 벌 사줄 수도 없는 형편이었습니다. 또 언제나 잔소리만 늘어놓는 늙은 상사를 대하기도 진저리가 났습니다. 집에 돌아와서는 아내와 다투는 일이 잦아지면서 만사가 귀찮은 상태였습니다.

군에 입대하기 전까지는 이 모든 것이 제게 커다란 걱정거리로 다가왔습니다. 그런데 폭뢰가 저를 산산조각 내지 않을까 두려움에 떨고 있는 지금은 그 모든 것이 시시하고 사소한 고민에 지나지 않다는 사실을 깨달았습니다. 그때 그 자리에서 저는 이렇게 맹세했습니다. '만일 다시 햇빛을 보게 된다면 다시는 절대로 지난날과 같은 고민을 하지 않겠다'고 말입니다. 저는 잠수함 안에서 공포에 떨던 15시간 동안, 대학에서 4년 동안 배운 것보다 훨씬 더 많은 인생에 대한 지혜를 배웠던 것입니다."

유쾌한 인생관을 가져라

우리는 살아가면서 커다란 재앙에는 용감하게 대처하면서도 작고 대단치 않은 일에서는 오히려 어이없이 넘어지곤 한다. 가령 사무엘 피프스의 일기 중에는 해리 반 경이 참수당하는 장면을 구경했다는 기록이 있다. 해리 경이 처형대에 올라갔을 때 목숨을 살려달라고 하지 않았지만 턱의 부스럼을 다치게 하지는 말아 달라고 애원했다는 것이다.

버드 제독이 극지의 암흑과 혹한 속에서 발견한 것도 이와 다르지 않았다. 부하 대원들은 중대한 문제로 불만을 토로하는 것이 아니라 참으로 얼토당토 않은 문제를 가지고 잦은 소동을 벌이곤 했다. 그들은 위험과 고난, 때로는 영하 80도의 극한에서도 태연하게 참아냈다. 이에 대해 버드 제독은 이렇게 말했다.

"조금 전까지만 해도 베개를 나란히 하고 이야기를 주고받던 두 동료가 갑자기 입을 다물었습니다. 상대방이 자기의 침낭에 침범했다고 의심했기 때문이지요. 또 어떤 사람은 음식을 스물여덟 번이나 씹어 삼키는 완벽한 저작주의자가 보는 앞에서는 음식이 목구멍으로 넘어가지 않는다고 말했습니다."

극지의 캠프에서는 이렇게 잘 훈련된 사람도 사소한 일로 미치기 일보 전까지 가게 된다.

결혼생활에서도 마찬가지다. 너무나도 사소한 일로 많은 사람들이 미치기 일보 직전까지 서로를 몰아간다. 그런데 그 사소한 일이 이 세상 고민 중 절반의 원인이 된다는 통계도 있다. 어쨌든 이에 대해서는 수많은 권위자들이 의견을 같이한다.

예컨대 시카고의 조셉 새버스 판사는 4만 건이나 되는 불행한 결혼을 조정한 사람으로 이렇게 말했다.

"결혼생활에서 불행의 원인이 되는 것은 대부분은 실로 사소한 일 때문이다."

뉴욕의 지방 검사 프랭크 호건도 다음과 같이 말했다.

"형사 재판의 과반수는 사소한 원인 때문이다. 술집에서의 주정, 집안에서의 말다툼, 모욕적인 언사, 욕설, 무례한 행동 같은 사소한 일이 폭행과 살인을 일으킨다. 정말로 억울하게 변을 당해 형사재판을 하는 사람은 그리 많지가 않다. 자존심이나 허영심에 상처를 입었다든가, 멸시를 받았다든가 하는 사소한 일이 이 세상 고민의 절반을 차지한다."

우리 부부가 시카고에 사는 친구 집 만찬에 초대되어 갔을 때의 일이다. 친구가 고기를 자르다가 실수를 한 것 같았다. 나는 눈치 채지 못했는데, 혹시 알았다고 한들 잠자코 있었을 것이다. 그런데 그의 부인은 대뜸 이렇게 쏘아붙이는 것이었다.

"여보, 그게 뭐예요? 그렇게 되풀이 얘기해도 못 고치다니!"

그러더니 우리에게 이렇게 말했다.

"저이는 언제나 실수를 해요. 주의를 기울이지 않으니까요."

내 친구가 주의를 기울이지 않았는지는 모르지만, 이런 자기 부인과 20년 이상 함께 살아온 그 친구에 대해 나는 경의를 표하지 않을 수 없었다. 솔직히 말해서 나는 잔소리를 늘어놓는 여자와 함께 북경 오리고기나 상어지느러미 같은 일품요리를 먹기보다는 안락한 분위기에서 핫도그를 먹는 편이 훨씬 유쾌하다고 생각한다.

이런 일이 있은 후, 우리는 친구 몇 명을 저녁식사에 초대했다. 그런데 아내는 손님이 도착하기 조금 전에야, 준비된 냅킨 가운데 세 장이 식탁보와 짝이 맞지 않았다는 사실을 발견했다. 아내는 나중에 내게 이렇게 말했다.

"요리사에게 급히 가서 물어보니, 냅킨 세 장을 세탁소에 보냈다는 거예요. 손님들은 벌써 집으로 오고 있으니 바꿔 깔 시간이 없었어요. '이런 실수로 소중한 저녁을 불쾌하게 보내야 되겠나' 하고 생각하게 되었지요. 그때 생각을 바꿨죠. '뭐 어때?' 이렇게요. 그러고 나서 즐겁게 시간을 보내기로 하고 식탁 앞에 앉았어요. 그랬더니 다행히 마음먹은 대로 되더군요. 저는 신경질적이고 얄미운 여자라는 인상을 받기보다는 주책없는 주부로 보이는 편이 훨씬 낫다고 생각했죠. 그런데 다행히도 아무도 냅킨에 대해서는 관심이 없는 것 같았어요."

누구든지 사소한 일에 집착하지 않으려면 평소 유쾌한 인생관을 만들어 가려는 노력을 해야 한다. 저술가인 크로이는 이것을 발견하게 된 과정에 대해 놀라운 경험을 들려주었다.

그는 뉴욕의 아파트에서 책 집필을 하고 있었는데 난방장치에서 나는 소리에 신경이 날카로워져 있었다. 수증기에서 '부응 치이익' 소리가 날 때면 머리가 지끈지끈 아플 지경이었다고 한다. 그는 그때 상황을 이렇게 말했다.

"어느 날 친구들과 캠핑을 간 적이 있었다네. 그런데 모닥불을 쬐다 보니 나무토막 타는 소리가 마치 난방장치의 스팀 소리와 매우 흡사하더군. 그렇다면 나무토막 타는 소리는 유쾌한 데 스팀 소리는 왜 불쾌한 걸까? 집에 돌아와서 내 자신에게 이렇게 말했지. '모닥불 타는 소리는 듣기에 즐겁다. 난방장치에서 나는 소리도 이와 비슷하지 않는가? 잠자리에 누워서는 이런 소리에 신경을 쓰지 말기로 하자.' 이렇게 나에게 암시를 걸고 그대로 실행했지. 처음 2, 3일 동안은 난방장치에 다소 신경이 쓰였지만 얼마 있다가 완전히 잊어버릴 수 있었다네."

수많은 사소한 고민도 이와 마찬가지다. 우리가 그것을 마음에 두고 고민하는 까닭은 사물을 침소봉대해서 생각하기 때문이다.

디즈레일리는 "인생은 시시하게 살기에는 너무도 짧다"고 했다. 또 앙드레 말로는 〈디스 위크〉 지에서 이렇게 말했다.

"이 말은 내가 쓰라린 경험을 겪고 난 다음에 큰 도움이 되었다. 우리는 가끔 하찮은 것에 골머리를 썩인다. 우리가 이 세상에 머무는 기간은 겨우 수십 년, 길어야 1백년에 불과하다. 또 1년 뒤에는 모든 사람의 기억 속에서 사라져버릴 불평불만에 괴로워하면서 귀중한 시간을 허비하고 있다. 그러므로 우리는 인생을 보다 가치 있는 행동과 감정, 위대한 사상, 진실한 사랑 그리고 보람된 일에 바쳐야만 한다. 인생은 시시하게 살기에는 너무도 짧다."

> **? 오늘을 사는 지혜의 물음**
>
> 1. 사소한 것에 골머리를 썩이고 있지는 않은가?
> 2. 무시해야 하고 잊어야 할 사소한 일에 대해 마음을 쓰지 마라.
> 3. 기억하라. 인생은 시시하게 살기에는 너무도 짧다.

DALE CARNAGIE

03 평균율 법칙을 따르라

미국 역사상 최고 인디언 파이터인 크룩 장군은 자서전에서 '모든 고민과 불행은 대부분 상상에서 비롯된 것이며, 현실에 의한 것은 아니다'고 말했다.

걱정의 99%는 실제로 일어나지 않는다

나는 어린 시절 미주리 주의 한 농장에서 자랐다. 어느 날 어머니가 버찌 따는 일을 도와 드리다가 갑자기 울음을 터뜨렸다.

"데일, 왜 우니?"

"혹시 산 채로 땅에 묻힐까 봐 겁이 나서요."

그 무렵 나는 세상 모든 것이 걱정스러웠다. 소나기가 내리면 벼락에 맞아죽지나 않을까 걱정했고, 집안 형편이 어려워지면 굶지는 않을까 두려웠다. 또 죽으면 지옥에 가게 되지는 않을까 걱정했다. 심지어 나보다 나이가 많은 샘 화이트가 내 커다란 귀를 잘라버리지는 않을까 두려워할 정도였다. 그도 그럴 것이 화이트는 언제나 이런 말로 나를 불안하게 만들었다.

내 걱정은 콧수염이 난 뒤에도 계속되었다. 모자를 벗고 얌전하게 인사를 하면 계집애들이 비웃지는 않을까 걱정했고, 또 나와 결혼해 줄 여자가 하나도 없을까 봐 고민했으며, 결혼하면 무슨 말부터 꺼내야 좋을까 하는 것까지 걱정하기에 이르렀다.

'아마도 나는 아주 작은 시골 교회에서 예식을 올리게 될 테고, 결혼식이 끝나면 단장한 사륜마차를 타고 농장으로 돌아오게 될 텐데, 그때 마차 속에서 무슨 말을 해야 하지······.'

나는 밭을 갈면서 이 중대한 문제의 해결 방안을 찾으려고 골머리를 앓았다.

하지만 나이가 들면서부터 내가 걱정해 온 일 중 99퍼센트는 실제로 일어나지 않는다는 사실을 알게 되었다. 예를 들면 그토록 무서워했던 벼락을 맞는 일도, 1년에 죽는 사람이 35만 명 중 한 사람 정도에 불과했던 것이다.

더구나 산 채로 매장당할지도 모른다는 걱정은 꺼내기도 부끄러울 정도로 바보 같은 헛소리였다. 오랜 옛날에도 생매장당한 인간은 1천만 명 중 한 명이 될까 말까 했다. 이런 것도 모르고 난 겁에 질려 울었던 것이다.

사실 지금까지 어렸을 때와 청년기의 막연한 걱정에 대해 말했지만, 성인들의 고민도 알고 보면 우스운 것이 많다. 이제부터라도 평균율의 법칙을 적용하여 우리 걱정에 정당한 근거가 있는가를 충분히 평가하여 매사에 자신감을 갖는다면 우리가 하는 고민 가운데 90퍼센트는 반드시 해소될 것이다.

✚ 보험, 인간의 지나친 고민을 이용한 돈벌이

세계에서 가장 유명한 보험회사인 런던의 로이드 해상 보험회사는, 사람들이 일어나지 않는 일에 대해 지나치게 고민하는 심리를 이용하여 막대한 돈을 벌어 들이고 있다.

로이드는 우리가 걱정하고 있는 재난은 결코 일어나지 않을 것이라는 소신을 갖고 한마디로 내기를 걸었던 것이다. 그들은 이를 도박이라고 부르지 않고 '보험'이라는 이름으로 대신하고 있다. 그러나 사실 이것은 평균율 법칙을 토대로 한 도박이다.

이 거대 보험회사는 창립한 지 2백 년이 되었지만 인간의 본성이 변하지 않는 한, 앞으로 50세기는 더 지속될 것이다. 그리고 세상 사람들은 상상하는 것만큼 자주 일어나지 않는 재난에 대해 평균율의 법칙을 적용함으로써 여러 종류의 보험에 들도록 공포심을 조장하면서 권유할 것이 틀림없다.

지금부터라도 평균율 법칙을 조사해 보라. 분명 여지껏 우리가 생각지도 못한 사실에 놀랄 것이다. 가령 내가 향후 5년간 게티스버그 전투와 같은 격전을 치러야 한다는 사실을 알게 된다면 분명 공포에 사로잡힌 나머지 당장 있는 돈을 다 털어서라도 보험에 들고 유언장을 작성하여 재산과 그 밖의 일을 일사천리로 정리할 것이다. "전쟁터에서 살아 돌아오지 못할 테니 남은 몇 해 동안 실컷 즐기자"고 말하면서 말이다.

그렇지만 평균율 법칙에 의하면, 게티스버그 전투에서의 위험률은 평화로운 시기에 50세에서 55세까지 살아가는 동안 겪는 위험률과 동일하다. 즉 평화 시에 50세에서 55세 사이의 사망률은 게티스버그 전투에 참가했던 16만 3천 명의 장병 사망률과 거의 같았기 때문이다.

작은 고민이 인생을 망친다

나는 이 책의 몇 장을 보우 호숫가에 사는 친구의 별장에서 집필했다. 한여름을 이곳에 머무는 동안 샌프란시스코에 사는 허버트 샐린저 부부를 만났다. 샐린저 부인은 단아한 몸매에 침착한 여성으로, 고민 같은 것은 모르고 살아온 듯한 온화한 인상을 주는 사람이었다.

어느 날 밤, 난롯가에서 한담을 나누다가 그녀에게 지금까지 걱정해본 적이 있는지 물어보았다. 그러자 그녀는 놀랍게도 이렇게 대답하는 것이었다.

"고민이라고요? 저는 고민 때문에 하마터면 인생을 망칠 뻔했답니다. 그것도 무려 11년 동안이나 제가 만든 지옥 속에서 괴로움을 당하다가 겨우 벗어났어요. 저는 몹시 성질 급하고 신경질적이며 매사 안절부절 못했었지요. 예를 들면 매주 샌마테오에서 샌프란시스코까지 버스를 타고 먼 곳까지 가서 물건을 샀는데 쇼핑을 하는 동안에도 머릿속에서는 집안일이 걱정되어 어쩔 줄을 몰랐어요. 전기다리미는 꽂아 놓지는 않았을까, 혹시 집에 불이라도 난 것은 아닐까, 하녀가 아이들만 남겨 놓고 외출하지는 않았을까 하고 근심거리가 태산 같았지요. 그러다 보니 물건을 사다가도 조바심이 나서 견디다 못해 집을 다시 둘러보고 올 때도 있었죠.

이제 와 생각하면 제 첫 번째 결혼이 불행으로 끝난 것도 무리가 아니었어요. 지금의 두 번째 남편은 변호사인데, 이 사람은 매사에 고민하지 않고 침착하고 비판적인 성격이에요. 가끔 제가 초조하게 걱정하기 시작하면 이렇게 말한답니다. '좀 침착해져 봐요. 그래야 대체 뭐가 그렇게 걱정되는지 곰곰이 생각해 볼 수가 있잖소. 평균율 법칙에 비추어 과연 그 일이 현실적으로 일어난 가능성이 있는지 연구해 보는 것이 어떻소.'

한번은 이런 일도 있었어요. 우리가 뉴멕시코 주의 알부쿼크에서 칼스바드 동굴로 가는 험한 길을 드라이브하고 있을 때의 일인데, 도중에 폭풍우를 만났습니다. 차가 흔들리고 미끄러지는데 걷잡을 수 없었어요. 저는 금방이라도 차가 도랑으로 처박힐 것만 같아 어쩔 줄을 몰랐지요. 그런데 남편은 이렇게 말하는 것이었어요. '천천히 운전하고 있으니까 괜찮아. 설령 차가 도랑에 처박힌다 해도 우리가 다칠 가능성은 아주 적어.'

또 어느 해 여름이었어요. 우리는 캐나다 로키 산맥의 토퀸 계곡으로 캠핑을 갔는데, 하루는 해발 6천 피트 지점에서 야영하던 중 폭풍을 만났어요. 텐트가 금방이라도 찢어질 것 같았지요. 텐트는 밧줄로 튼튼하게 나무에 매여 있었지만 거세게 부는 바람에 펄럭거리며 비명을 지르고 있었죠. 저는 금방이라도 텐트가 찢겨 공중으로 날아갈 것만 같아 안절부절 못했어요. 무서워 벌벌 떨고 있는데도 남편은 평상시처럼 태연

했어요. 당시 남편은 제게 이렇게 말했답니다. '우리는 브루스터의 가이드와 함께 여행을 하고 있잖아? 그들은 60년 동안이나 이 산에서 텐트를 치고 살았다오. 그런데 지금까지 한 번도 바람에 텐트가 날아간 적이 없다는 거야. 평균율 법칙을 적용해 봐도 오늘밤 텐트는 날아가지 않을 거야. 설령 날아간다면 다른 천막으로 옮겨가면 되지 뭐. 그러니 걱정하지 말아요.'

남편 말을 듣고서야 불안한 마음을 가라앉히고 그날 밤을 편히 보낼 수 있었지요.

또 4, 5년 전 우리가 사는 캘리포니아에 소아마비가 크게 유행했던 적이 있었어요. 아마 그전 같았으면 저는 히스테리를 일으켰을 거예요. 하지만 남편이 저를 진정시켰어요. 우리는 되도록 조심했죠. 아이들을 사람들이 많이 모인 곳에 내보내지 않았고, 학교도 쉬게 했으며, 영화관에도 가지 못하게 했어요. 나중에 보건 당국의 발표를 보았더니 지금까지 캘리포니아에서 소아마비가 가장 심하게 유행했을 때에도 실제로 소아마비에 걸린 아이들은 주 전체를 통틀어 1천 835명이었고, 보통 때는 2백 내지 3백 명 정도더라구요. 물론 가엾은 일이기는 했지만 평균율 법칙으로 보면 아이들이 소아마비에 걸릴 확률은 아주 낮다는 걸 알 수 있었죠.

어쨌든 '평균율 법칙에 따르면 그런 일은 일어나지 않을 것'이라는 말은 제 고민의 90퍼센트를 제거해 주었어요. 그리고 그 이후 20년 동안 제 생활을 아름답고 평화롭게 만들어 주었죠."

> **오늘을 사는 지혜의 물음**
>
> 1. 문제의 기록을 살펴보았는가?
> 2. 그런 다음 스스로에게 물어보라.
> 3. 당장 일어날지 모른다고 해서 걱정하는 그 일이 실제로 일어날 수 있는가?
> 4. 평균율 법칙에 비추어 볼 때 어느 정도의 확률이 있는가?

04 피할 수 없다면 받아들여라

태양 아래 온갖 고통에는 구원이 있거나 없다. 만일 있다면
그것을 찾기 위해 노력하라. 그러나 없다면 잊어버려라.

달을 보고 울지 마라

어린 시절, 미주리 주에 있는 낡은 집 지붕 위에서 친구들과 자주 놀고 있을 때였다. 키가 작았던 나는 지붕에서 내려올 때는 언제나 창틀을 딛고 땅으로 뛰어내리곤 했는데 왼손 검지에 끼고 있던 반지가 못에 걸려 그만 손가락이 잘려나갔다.

나는 너무 아파서 비명을 질렀다. 혹시 죽을지도 모른다는 생각이 들었다. 그러나 손가락 상처가 아문 뒤에 단 한 번도 그 일에 대해서 고민을 해본 적이 없다. 그 일에 대해서 생각한들 무슨 도움이 되겠는가. 나는 불가항력적인 일을 받아들였던 것이다. 지금 내 왼손에는 검지가 없다. 그렇지만 거의 신경을 쓰지 않는다.

몇 해 전, 뉴욕에 있는 어느 빌딩에서 화물 엘리베이터를 운전하는 남자를 만난 적이 있다. 그런데 그는 왼쪽 손목부터 잘려져 있었다. 나는 그에게 손 하나가 없는 것이 괴롭지 않느냐고 물었다. 그랬더니 그는 이렇게 대답했다.

"아닙니다. 그런 것은 생각조차 해본 적이 없습니다. 저는 혼자 사는데, 손 하나가 없다는 사실을 느낄 때는 바늘에 실을 꿸 때뿐입니다."

인간은 어쩔 수 없을 때는 어떠한 상황도 받아들이게 마련이다. 그러고 나서 자기를 그것에 적응시키고 이내 잊어버리게 된다.

네덜란드의 암스테르담에 있는 15세기 때 지어진 폐허가 된 사원에서 발견한 묘비명을 잊을 수가 없다.

'원래 그러하도다. 달리 방법이 없으니.'

우리에게는 또 하나를 선택할 자유가 있다

우리는 인생이란 긴 여정을 통해 어찌할 수 없는 갖가지 불쾌한 일들과 마주하게 된다. 이것은 불가피한 것이다. 다행스럽게도 우리에게는 선택의 자유가 있다. 즉 그것을 불가피한 일로 받아들여 그것에 적응하든지 아니면 거기에 반항하여 인생을 파괴하든지, 그것도 아니라면 그것에 집착하여 신경쇠약에 걸려 일생을 헛되이 보낼 수밖에 없다.

여기 내가 존경하는 철학자 윌리엄 제임스의 현명한 충고가 있다.

"있는 그대로 받아들여라. 일어난 일을 받아들이는 것은 불행한 결과를 극복하는 첫걸음이다."

오레곤 주 포틀랜드의 엘리자베스 콘리는 갖은 고생 끝에 이 사실을 깨달았다. 괴로워도 이것을 받아들이지 않을 수 없었다. 최근 그녀가 내게 보내 온 편지를 인용해 본다.

✚ 사랑하는 사람을 잃은 슬픔에서 벗어난 이야기

"1943년 5월 미국이 북아프리카 전투에서 승리한 것을 축하하던 그 날, 저는 국방부로부터 가장 사랑하던 조카가 행방불명이 되었다는 전보를 받았습니다. 그 후 얼마 있다가 전사했다는 전보를 받았습니다. 저는 비탄에 빠져 어찌할 바를 몰라 했습니다. 그전까지 제 인생은 즐거웠었습니다. 저는 만족스러운 직업을 가지고 있었고, 조카를 키우는 데 온갖 노력을 바쳐 왔습니다. 그는 더없이 착하고 아름다운 청년으로 잘 성장해 주었습니다. 저는 그런 조카를 볼 때면 언제나 가슴이 벅찼습니다.

그런데 전사 전보가 날아든 것입니다. 하늘이 무너지는 것 같았어요. 갑자기 살아갈 목적을 잃은 것 같았습니다. 친구들을 멀리하게 되었고, 모든 것을 될 대로 되라고 내버려 두었습니다. 비통해하며 세상을 원망했지요.

'어째서 내 소중한 조카가 죽었을까? 어째서 앞날이 유망한 훌륭한 청년이 비운의 죽음을 맞이하지 않으면 안 되었을까?' 이 비극적인 사실을 도저히 받아들일 수 없었습니다. 비탄에 빠져 있는 동안 일도 엉망이 되어 버렸습니다.

그런데 일을 그만 두려고 책상 서랍을 정리하다가 편지 한 통을 발견했습니다. 이 편지는 전사한 조카가 3, 4년 전에 어머니가 세상을 떠났을 제게 보낸 것이었습니다.

'물론 저희들도 모두 할머님이 우리 곁을 떠난 것이 슬프지만 고모님은 더욱 그러시리라 믿습니다. 그러나 저는 고모님께서 슬픔을 잘 이겨내실 것이라 믿습니다. 고모님의 인생관이 반드시 그렇게 되도록 할 테니까요. 저는 고모님께서 평소 가르쳐 주신 아름다운 진리를 잊을 수 없습니다. 어디에 있든 아무리 멀리 떨어져 있든 언제나 미소를 잊지 마라, 무슨 일을 당해도 남자답게 그것을 받아들여라. 고모님의 이러한 가르침을 지금도 기억하고 있답니다.'

저는 그 편지를 되풀이해서 읽었습니다. 조카는 제게 이렇게 말하고 있는 것 같더군요. '고모님은 어째서 제게 가르쳐 주신 것을 실행하시지 않으십니까? 무슨 일이 일어나든 이겨내 보세요. 고모님의 슬픔을 미소 뒤에 감추고 당당해 보세요.'

이 편지 한 통을 계기로 저는 다시 일을 시작했습니다. 그리고 원망하거나 반항적이던 태도를 버리고 마음속으로 이렇게 다짐했죠. '이미 일어난 일이다. 내 힘으로는 어쩔 수 없다. 그러나 나는 그애가 내게 기대한 것처럼 꿋꿋하게 이겨 나가야 한다.'

그날 이후 저는 전심전력으로 일에 열중했습니다. 그리고 틈나는 대로 군인들에게 위문편지를 보냈습니다. 그리고 야간에는 자기계발 강좌를 통해 새로운 지식을 배우며 새로운 친구를 사귀었습니다. 그러자 얼마 후 제게 놀랄 만큼 큰 변화가 일어났습니다. 그리고 더 이상 영원히 돌아올 수 없는 과거를 떠올리며 슬퍼하지 않게 되었어요.

저는 지금 더없이 기쁨에 가득 찬 나날을 보내고 있습니다. 바로 조카가 제게 기대했던 것처럼 말이죠. 인생을 즐기면서 제 운명을 받아들이고 있습니다. 이전보다 더욱 풍성하고 완전한 인생을 보내고 있어요."

엘리자베스 콘리는 머잖아 우리도 배우지 않으면 안 될 것들을 미리 배운 것이다. 결국 우리는 불가피한 것을 받아들이고, 그것들에 대해 순응해야 한다. 달리 방법이 없다. 이 진리를 터득하기란 그리 쉽지 않다. 그러나 왕좌에 앉은 군주들도 이것을 명심해야 한다. 조지 5세는 버킹검 도서관 벽에 다음과 같은 말을 새겨 두었다.

"달을 보며 울지 말 것이며, 엎질러진 우유를 보고 후회하지 않도록 가르쳐 주십시오."

쇼펜하우어도 이와 비슷한 말을 했다.

"깨끗하게 체념할 수 있는 태도야말로 인생 길을 준비하는 데 가장 중요하다."

환경이 우리를 행복하게 하거나 불행하게 만들지 않는다. 그것은 우리가 환경에 어떻게 반응하느냐에 달려 있다. 예수는 천국이 우리 안에 있다고 말했다. 그렇다면 자유도 우리 마음속에 있는 것이다.

모든 것은 마음먹기에 달렸다

우리는 어떠한 어려움과 비극에 처해 있더라도 이겨내고 승리로 이끌 수 있다. 반드시 그렇게 해야 한다면 말이다. 우리 내면에는 그 무엇도 가능하게 하는 무한하고 강력한 힘이 내재해 있기 때문이다.

반항한다거나 발버둥친다고 해서 불가피한 일을 바꿀 수는 없다. 대신 우리 자신은 바꿀 수 있다. 나는 이 사실을 몸소 경험한 바 있다. 언젠가 내가 직면한 불가피한 사태를 받아들이지 않으려고 애쓴 적이 있다. 반항하려 했던 것이다. 그러자 매일 밤 불면증이란 지옥을 헤매게 되었고, 온갖 짜증나는 일이 달려들었다. 결국 1년 동안이나 괴로워한 끝에 처음부터 바꾸기 어렵다고 생각했던 사실을 그대로 받아들이지 않을 수 없었다.

일찍이 월트 휘트먼의 다음 시에 귀를 기울였어야 했다.

오, 받아들여라
밤과 폭풍과 굶주림,
비웃음과 재앙과 반항을.
나무와 동물들이 그러하듯이

나는 12년 동안이나 가축을 길러왔지만 아직껏 가뭄이나 진눈깨비, 추위 때문에 목초가 메말라 있거나, 수소가 지나치게 다른 암소와 사이좋게 지낸다고 해서 젖소가 질투하는 모습을 본 적이 없다.

동물은 밤과 폭풍, 굶주림 앞에서도 한결같이 순응한다. 그렇기 때문에 동물은 결코 신경쇠약이나 위궤양에 걸리는 법이 없고 미치지도 않는다.

그렇다고 해서 앞길을 가로막는 온갖 재앙과 악조건에 무조건 머리를 조아리라는 말은 아니다. 그런 주장은 한갓 운명론에 불과하다.

사태를 조금이라도 호전시킬 수 있다면 맞서 싸워야 한다. 그러나 상식적으로 생각해 볼 때 그것이 인간의 힘으로는 도저히 어쩔 수 없다고 판단되면 일단 그르친 일에 대해 고민할 필요가 없다는 것이다.

콜럼비아 대학의 헉스 학장은 〈마더 구스의 노래〉 가운데 1절을 좌우명으로 삼고 있다고 말한 적이 있다.

> 태양 아래 온갖 고통에는
> 구원이 있거나 없다.
> 만일 있다면 그것을 찾기 위해 노력하라.
> 그러나 없다면 잊어버려라.

이 책을 집필하는 동안 유능한 재계 경영자들과 회견을 가진 적이 있다. 그들은 불가피한 일은 받아들임으로써 고민 없는 생활을 유지하고 있었는데, 나는 그 모습을 보고 깊은 인상을 받았다. 만약 그렇게 하지 않았더라면 그들은 사업상의 극도의 고민과 긴장감에 짓눌려 건강을 잃었을 것이다. 이에 대해 몇 가지 사례를 들어보겠다.

버드나무처럼 휘고 떡갈나무처럼 저항하지 마라

페니 스토어의 창설자 J.C. 페니는 이렇게 말했다.

"모든 재산을 잃는다 해도 고민하지 않을 것이다. 고민한다고 해서 아무런 도움도 되지 않기 때문이다. 최선을 다한 후 그 결과는 신에게 맡길 뿐이다."

헨리 포드도 이와 비슷한 말을 했다.

"어찌할 수 없는 일이라면 나는 그것을 받아들인다."

크라이슬러의 사장 K·T. 켈러에게 고민을 처리하는 방법을 질문했더니 그는 이렇게 대답했다.

"저는 난처한 일을 당하면 우선 할 수 있는 데까지 최선을 다합니다. 그리고 안 되는 일이라면 잊어버리지요. 어떠한 경우에도 미래에 대해서는 걱정하지 않습니다. 그 누구라도 앞날에 무슨 일이 생길지 예측할 수 없다는 사실을 잘 알기 때문입니다. 물론 미래에 영향을 줄 수 있는 힘은 많습니다. 그렇지만 무엇이 그러한 힘을 움직이는지는 아무도 알 수 없습니다. 따라서 예견할 수도 없습니다. 그러니 고민한다고 해서 무슨 소용이 있겠습니까?"

만약 이런 말을 한 켈러에게 "당신은 정말 훌륭한 철학자군요"라고 한다면 그는 당황해 할 것이다. 내가 알기에 그는 단지 훌륭한 사업가일 뿐이기 때문이다.

에픽테토스는 일찍이 로마인들에게 이런 말을 했다.

"행복의 길은 단 하나밖에 없다. 우리의 의지력으로는 어쩔 수 없는 일에 대해 고민하기를 그만두는 것이다."

인간이란 불가피한 일과 싸우면서 동시에 보다 풍부한 것을 창조하지 못한다. 그러므로 어느 쪽이든 하나만 선택해야 한다.

나는 미주리 주에 있는 내 농장에서 이런 경험을 한 적이 있다. 그 무렵 나는 이 농장에 나무를 많이 심었다. 처음 얼마 동안은 나무가 하루가 다르게 쑥쑥 자라더니 진눈깨비를 동반한 폭풍이 불어닥치자 나뭇가지가 눈 속에 모두 파묻혀 버렸다. 그런데 이들 나무가 눈의 하중에 순순히 순응하지 않고 교만스럽게 저항했기 때문에 얼마 지나지 않아 눈더미의 무게에 눌려 부러지고 말았다. 말하자면 이 나무들은 북부의 삼림의 지혜를 배우지 못했던 것이다.

나는 캐나다의 상록수 숲을 수백 마일에 걸쳐 여행한 적이 있지만 아직껏 한 번도 침엽수나 소나무가 얼음이나 진눈깨비에 의해 쓰러진 모습을 보지 못했다. 왜냐하면 이 상록수는 순응하는 법과 가지를 굽히고 불가피한 것을 받아들이는 법을 알았기 때문이다.

유도 사범들은 "버드나무처럼 휘고 떡갈나무처럼 저항하지 마라"고 가르친다.

혹시 자동차 타이어가 장시간 사용하는데도 어떻게 충격을 견디는지 아는가? 최초의 타이어 제조업자들은 도로의 충격에 저항하는 타이어를 만들었다. 하지만 이내 찢겨지고 말았다. 그래서 그들은 오랜 연구 끝에 도로의 충격을 흡수하는 타이어를 만들었다. 이와 마찬가지로 우리도 인생의 험한 행로에서 심한 충격을 흡수하는 방법을 배운다면 행복한 여정을 즐길 수 있을 것이다. 만약 인생의 충격을 흡수하지 않고 반항하거나 저항한다면 어떤 일이 일어날까? 버드나무처럼 휘기를 거부하거나 참나무처럼 저항한다면 어찌될 것인가?

이에 대한 해답은 간단하고 명백하다. 수많은 내적 갈등을 겪게 될 것이고, 그로 인해 끊임없이 고민하고 긴장한 나머지 신경쇠약에 걸리고 말 것이다. 만약 준엄한 현실 세계의 법칙을 거스르고, 스스로 만든 꿈의 세계로 도피한다면 아마 미쳐 버리고 말 것이다.

그리스도가 십자가 위에서 죽음을 맞은 것을 제외하고 역사상 가장 유명한 임종 장면은 소크라테스의 죽음이다. 1만 세기가 지난 오늘날에도 인간은 플라톤이 쓴 불멸의 기록을 온갖 문학 중에서도 가장 감동적이고 아름다운 문장으로 읽은 것이다. 맨발의 노 철학자 소크라테스를 시기하고 질투하던 아테네의 일부 사람들은 그에게 무고죄를 씌워 사형 판결을 받도록 했다. 그에게 호의를 가지고 있던 옥 사장은 소크라테스에게 독배를 권하면서 이렇게 말했다.

"불가피한 일을 조용히 감내하십시오."

소크라테스는 이 말에 순종했다. 그는 신에 가까운 평정과 인종으로 죽음에 직면했던 것이다.

이 말은 그리스도 탄생 3,999년 전에 한 것이지만, 오늘날에 더 필요한지도 모른다.

> 주여, 제게 평온한 마음을 내려주소서.
> 바꿀 수 없는 일은 받아들이게 하여 주시고
> 바꿀 수 있는 일은 바꾸는 용기를 주소서.
> 그리고 이 둘을 구별하는 지혜를 주소서.
>
> — 뉴욕 유니언 신학교의 라이홀드 니버 박사의 기도문 중에서

부했는데 한순간에 돈을 몽땅 잃고 빈털터리가 되고 말았습니다. 물론 몇 개 종목에서는 이익을 남겼지만 결국에는 그것마저 잃고 손을 들 수밖에 없었습니다. 제 돈을 날린 것은 어쩔 수 없다지만 친구 돈까지 몽땅 잃은 것은 정말 괴로운 일이었습니다. 그 돈이 없다고 해서 곤란을 당할 사람은 아니지만 친구에게 큰 손해를 끼쳤기 때문에 그를 어떻게 대해야 할지 정말 난감했습니다.

그런데 제 친구는 놀랍게도 여전히 농담을 즐길 뿐만 아니라 낙천적이었습니다. 이 일로 인해 저는 크게 깨달은 바가 있었습니다. 그동안 저는 일확천금을 꿈꾸면서 귀동냥으로 주식투자를 했던 것입니다.

스스로 잘못을 되짚어 보면서 주식 공부를 기초부터 다시 하기로 맘먹었고 한편으로는 증권계에서 엄청난 성공을 거둔 사람들을 찾아가 자문을 구했습니다.

그중 한 사람이 바로 버튼 캐슬스였습니다. 그는 지금까지 제가 투자해 온 방법에 대해 몇 가지 질문을 했습니다. 그러더니 주식 거래에 관한 가장 중요한 원칙을 말해 주었습니다.

저는 모든 거래에서 손실정지 명령stop-loss order을 달아 둡니다. 가령 주당 50달러에 매수한 것은 최소한도 45달러 선에서 매도한다는 식으로 말입니다. 그 시세가 하락해서 사놓은 주가가 5포인트 내려가게 되면 자동적으로 팔리게 됩니다. 그로 인해 손실은 5포인트로 끝낼 수 있습니다. 만일 이런 식으로 주식투자를 한다면 평균 수익률은 약 10 내지 50포인트에 달하게 됩니다. 따라서 손실을 5포인트로 제한한다면 거래에서 절반 이상 실패한다 해도 많은 돈을 벌 수 있습니다.

저는 그 말을 듣고 재빨리 이 원칙을 채택했습니다. 그런 뒤부터는 고객에게도 이윤을 주게 되었고, 저 자신도 재미를 볼 수 있었습니다.

그 후 이 손실정지 법칙을 주식시장뿐만 아니라 다른 일에도 적용하기 시작했습니다. 그랬더니 온갖 까다로운 일이나 고민에서도 마법과 같은 효력을 나타냈습니다. 예를 들어, 저는 가끔 한 친구와 점심을 먹곤 했는데 그는 매번 약속 시간에 늦었습니다. 그러다 보니 그가 올 때까지 지루하게 기다려야 했습니다. 결국 저는 그에게 손실정지 명령을 설명하고 이렇게 말했습니다.

'빌, 나는 자네를 기다리는 시간에 대해 손실정지 명령을 10분으로 정하겠네. 그러니 자네가 10분 이상 늦으면 점심 약속은 없던 일이 되는 거야. 물론 나는 가버릴 테고.'"

정말 그랬다! 만일 내가 성급함, 변덕스러움, 화를 잘 내는 성격, 자신을 정당화하려는 욕구, 회환 그리고 모든 정신적·감정적 긴장에 대해 좀더 일찍 손실정지 명령을 내리는 센스를 발휘했더라면 얼마나 좋았을까 싶었다. 마음의 평화를 휘저어 놓으려는 모든 사태를 올바로 판단하여 '이봐, 데일 카네기. 이 문제에 이 정도로 머리를 썼으면 충분하네' 하고 스스로를 타이를 만한 지혜가 어째서 내겐 없었는지! 참으로 유감 천만한 일이 아닐 수 없었다.

그러나 적어도 한 번 정도는 재치를 발휘한 적이 있었는데 이것만큼은 마음껏 자랑해도 괜찮을 것 같다. 그것은 내 인생에서 가장 중대한 위기였다. 내 장래에 대한 꿈과 계획 그리고 오랫동안 해온 일이 물거품이 되어 사라질 운명에 놓여 있었던 것이다.

✚ 손실정지 명령으로 세계 최고의 비전 전문가가 된 카네기

나는 30대 초반에 소설가가 되겠다고 결심했었다. 제2의 프랭크 노리스나 잭 런던, 토머스 하디가 되려고 했던 것이다. 나는 그 꿈을 이루기 위해 유럽에서 2년 동안을 지냈다. 이 무렵은 제1차 세계대전 직후로 인플레이션이 크게 밀어닥친 시기여서 달러만 있으면 아주 편하게 생활할 수 있었다. 그 2년 동안 나는 걸작을 집필했는데 《눈보라》라는 책이었다. 제목만큼은 정말 자연스러웠다. 그런데 이 저작에 대한 출판업자의 태도가 마치 다코타 벌판에 휘몰아치는 사나운 눈보라만큼이나 냉랭하기 짝이 없었다. 작품성이 없는 것은 물론 소설가로서 재능마저 없다는 말을 출판사 관계자로부터 들었을 때는 심장이 금방이라도 멎는 것 같았다.

나는 힘없이 출판사 문을 나왔다. 몽둥이로 머리를 한대 크게 얻어맞은 것보다 더한 충격을 받았다. 앞길이 막막했다. 당시 나는 내 자신이 인생의 기로에 서 있었고, 매우 중요한 결단을 내리지 않으면 안 된다는 사실을 깨달았다.

어떻게 해야 할까? 나는 갈피를 잡지 못한 채 몇 주일을 보냈다. 그 당시 나는 '고민에 손실정지 명령을 내려라'는 말을 들어보지도 못했다. 그러나 지금 그 당시를 돌이켜보면 그 말을 실행하고 있었던 것 같다.

나는 그 소설을 쓰기 위해 피나는 노력을 했던 2년간의 소중한 경험을 바탕으로 새로운 출발을 했다. 성인을 대상으로 하는 자기계발 강의를 하는 교육 사업에 뛰어들었고, 현재 여러분이 읽고 있는 《링컨의 생애》 같은 전기라든가 《인간관계론》 같은 처세 책을 저술했다.

그때 그런 결심을 한 것을 다행스럽게 생각하느냐고 묻는다면 대답은 '물론'이라는 것이다. 그 일이 생각날 때마다 즐거워서 길을 걷다가도 춤을 출 정도다. 나는 결코 제2의 토마스 하디가 되지 못한 것을 슬퍼한 적이 없다!

✚ 사소한 잘못으로 절교하게 된 길버트와 설리번

지금부터 1세기 전 어느 날 밤, 한 마리의 부엉이가 월든 호반의 숲속에서 울고 있을 때, 헨리 소로는 수제 잉크에 거위 깃털로 만든 펜을 적셔 가며 일기장에 이런 말을 썼다고 한다.

'어떤 사물의 가치란 우리가 인생이라고 부르는 것의 양을 말한다. 이것은 즉시 혹은 장기간에 걸쳐서 교환되는 것이다.'

우리의 근본적인 존재 양식에서 산출되는 어떤 사물에 지나치게 지불하는 것은 어리석다는 말이다. 하지만 길버트와 설리번은 어리석은 일을 저질렀다. 그들은 유쾌한 가사와 즐거운 음악은 잘 만들 줄 알았지만 자신의 생활을 즐기지는 못했다.

그들은 〈미카도〉, 〈피나포어〉, 〈페이션스〉 등 아름다운 오페라를 만들어 온 세상 사람들을 기쁘게 했으나 정작 자신의 감정은 조절하지 못했다. 그들은 겨우 한 장 값어치도 안 되는 카페트 때문에 절친한 친구와 불편한 나날을 보냈다.

설리번은 길버트와 함께 매입한 극장을 단장하기 위해 새 카페트를 주문했다. 그런데 길버트가 청구서를 보고 화를 내자, 싸움이 법정으로까지 이어졌다. 결국 이 일로 두 사람은 죽을 때까지 화해하지 않았다.

설리반은 신작을 작곡하면 제일 먼저 길버트에게 보냈고, 길버트는 거기에 가사를 붙여 설리번에게 다시 보냈다. 한 번은 무대 인사차 함께 무대에 서게 되었는데 무대 양쪽 끝에 서서 서로의 얼굴을 외면했다. 그들은 일찍이 링컨이 했던 것처럼 서로의 원한에 대해 손실정지 명령을 할 만한 분별력을 갖고 있지 않았던 것이다.

남북전쟁 중에 링컨의 친구 몇몇이 그의 오랜 원수를 비난하자, 링컨은 이런 말을 했다.

"아직도 내게 원한이 남아 있다면 자신에게 이로울 것이 없다네. 인생의 절반을 논쟁으로 허비할 수는 없잖은가. 만약 자네들 중 누구든지 나를 공격하지 않는다면 그의 지난날을 모두 잊어버리기로 했네."

나는 에디스 숙모가 링컨처럼 너그러운 마음을 가져주었으면 한다. 숙모와 프랭크 숙부는 물 대기도 나쁘고 잡초마저 무성한 농장에서 살고 있었다. 거기다가 농장은 저당까지 잡혀 있는 상태였다. 그들의 살림은 매우 궁핍해서 동전 한 닢까지도 아끼지 않으면 안 될 처지였다.

그런데 숙모는 실내를 아기자기하게 꾸미는 것을 좋아해 커튼이나 자질구레한 세간들을 사들여 보잘 것 없는 오두막을 장식했다. 반대로 빚지는 것을 몹시 두려워하는 농부의 기질을 타고난 숙부는 걱정이 되어 아내에게 절대로 외상을 주지 말라고 몰래 상점에 부탁을 했다.

이 사실을 알고 숙모는 노발대발했고, 이 일로 인해 숙모의 노여움은 무려 50년 동안이나 계속 되었다. 나는 이 이야기를 수차례 들어왔지만 마지막으로 들은 것은 숙모가 일흔 살이 훨씬 넘었을 때였다. 나는 숙모에게 이렇게 말했다.

"숙모님, 숙부님께서 숙모님의 체면을 손상시킨 것은 분명 잘못이었습니다. 그렇지만 그 일은 벌써 50년 전의 일입니다. 그런데도 그 일을 가지고 지금껏 서운한 감정을 드러낸다면 그것은 숙모님이 더 나쁘다고 생각되지 않나요?"

사실 이 말은 숙모에게 아무런 도움이 되지 않았다. 숙모는 여러 해 동안 품어온 원한과 괴로움에 집착한 나머지 무척 비싼 대가를 지불하고 있었다. 이른바 마음의 평화를 교환하고 있었던 것이다.

호루라기에 비싼 대금을 치르지 마라

벤저민 프랭클린은 일곱 살 때 저지른 잘못을 70년 동안이나 잊지 않고 있었다. 그는 일곱 살 때 호루라기를 몹시 좋아해서 갖고 싶어 안달이 나 있었다. 그러던 어느 날 장난감 가게 카운터 위에다 갖고 있던 동전을 모두 쏟아놓으며 값도 물어보지 않고 막무가내 호루라기를 달라고 했다. 그는 70년이 지난 뒤 그때 일을 친구에게 다음과 같이 써 보냈다.

'나는 그것을 가지고 집에 돌아와 너무나 기쁜 나머지 호루라기를 불며 온 집안을 뛰어 다녔지.'

그런데 형들은 호루라기를 터무니없이 비싸게 주고 샀다고 꾸짖었다. 그는 제값을 주고 사지 못한 것이 분해 울었다.

훗날 그는 피뢰침을 발명한 과학자로 유명해지고 프랑스 대사가 되어 세계적인 인물이 되었을 때, 호루라기를 비싸게 샀던 일을 기억하면서 다음과 같이 말했다.

"당시 나는 호루라기로 얻은 기쁨보다도 비싸게 샀다는 생각에 사로잡혀 분한 생각을 평생 마음에 담고 살아야만 했다."

그러나 플랭클린이 이 경험으로 체득한 교훈의 대가는 값으로 환산한다면 결코 작은 것이 아니었다.

"성장한 다음 세상에 나와 사람들의 행동을 관찰해 보니 수많은 사람들이 호루라기 값을 너무 많이 지불하고 있다는 사실을 알게 되었다. 즉 인간이 겪는 가장 큰 비극 중 하나는 사물의 가치를 잘못 판단한다는 것과 자신의 호루라기에 너무 많은 대가를 지불한다는 사실을 알게 되었다."

그렇다. 길버트와 설리번도 그들의 호루라기에 너무 많은 값을 지불했다. 에디스 숙모도 마찬가지다. 나 역시 많은 경우에 있어서 그러했다.

세계 최대의 걸작이라고 불리는 《전쟁과 평화》, 《안나 카레리나》의 저자인 불멸의 문호 레오 톨스토이도 이 범주에서 벗어나지 못했다.

대영백과 사전에 따르면 레오 톨스토이는 그의 생애 가운데서 최후 20년 동안은 세계에서 가장 존경받는 인물이었다. 그 20년 동안(1890년~1910년) 무수한 숭배자들이 그의 얼굴을 한 번이라도 보고, 그의 목소리를 듣고, 옷자락이라도 한번 만져 보려고 그의 집을 찾았다. 마치 '신의 계시'라도 되는 것처럼 그의 말 한마디 한마디가 모두 기록되었다.

그러나 사생활 측면에서 본다면 톨스토이는 프랭클린이 일곱 살 적에 가졌던 분별을 일흔 살에 가서도 지니지 못했다. 그는 완전히 상식에서 벗어나 있었다.

✚ 50년간 지옥 같은 결혼생활을 한 톨스토이

톨스토이는 그가 열렬히 사랑했던 소녀와 결혼했다. 결혼 초기 그들은 아주 행복했다. 그들은 이 천국 같은 환희의 생활이 언제까지나 지속되기를 하느님께 기도했다.

그런데 톨스토이의 아내는 남달리 질투심이 강했다. 그녀는 남루한 시골뜨기 아낙네 차림을 하고 산 속까지 남편을 미행하고 감시했다. 그들은 가끔 심한 말다툼을 하곤 했는데 마침내 자식에게까지 영향을 미쳤다. 그녀는 딸의 사진에 총을 쏘아 구멍을 낸 일도 있었다. 또 아편 병을 물고 침대에서 뒹굴며 자살하겠다고 으름장을 놓은 일도 있었다. 그러는 동안 자식들은 방구석에 웅크리고 앉아 공포에 떨어야 했다.

그때 톨스토이는 어떻게 했을까? 그가 성난 나머지 가구들을 부수었다고 해도 비난하지 않겠다. 그럴 만한 충분한 이유가 있었으니까 말이다. 그러나 그는 이보다 훨씬 심한 짓을 했다. 즉 그는 비밀 일기에다가 전적으로 아내가 잘못했고, 그녀가 나쁘다고 썼다. 이것이 바로 그의 '호루라기'였다. 어이없게도 다음 세대가 자기를 동정하고 자기 아내를 비난해 주기를 바랐던 것이다.

이에 대해 아내는 어떻게 했을까? 그녀는 남편의 일기장을 빼앗아 불태워 버렸다. 그리고 그녀도 일기를 썼다. 누구나 상상할 수 있듯이 남편을 악한으로 몰아인 내용으로 가득차게 말이다. 그녀는 그래도 분이 안 풀리자 《누구의 죄》라는 소설을 썼는데, 그 책 속에서 남편을 가정의 악마로 표현하고 자기를 희생자로 묘사했다.

대체 이들 부부는 왜 이런 행동을 했을까? 어째서 이 두 사람은 자신들의 가정을 톨스토이가 말하는 '정신병동'으로 만들었을까? 거기에는 분명한 몇 가지 이유가 있는데, 그중 하나는 다른 사람들에게 강한 인상을 주고 싶다는 강한 욕망 때문이었다.

그리고 더 중요한 진실은 그들은 다음 세대들의 비판을 두려워하고 있었다. 그런데 우리는 저승세계에서까지 남의 비행에 대해 비난을 할 수 있을까? 안 될 말이다. 우리는 톨스토이를 생각할 여유가 없다. 우리 자신의 문제만으로도 몹시 버거울 테니까. 그런데 이 딱한 두 사람은 얼마나 비싼 대금을 그들의 '호루라기'에 지불했던가!

그들은 무려 50년간을 지옥과 같은 결혼생활을 계속했다. 이 두 사람은 "이제 그만!"이라고 할 만큼 마음의 양식을 가지고 있지 않았기 때문이다. '이런 일에는 즉시 손실정지 명령을 내리자. 우리는 시간을 낭비하고 있다. 이정도면 충분해'라는 주문을 걸자!

나는 참된 마음의 평화를 얻는 비결은 가치에 대한 올바른 판단력에 있다고 믿는다. 그리고 인생에서 어느 정도의 가치가 있는지를 판단하는 각 개개의 금본위제도金本位制度를 제정할 수 있다면, 우리의 고민 가운데 50퍼센트는 해소될 것이라 확신한다.

고민하는 습관이 우리를 망치기 전에 그것을 타파하는 다섯 번째 법칙은 다음과 같다.

살면서 손해를 회복하려다 오히려 더 큰 손해를 보게 될 때는 일단 멈추고 스스로에게 다음 세 가지 질문을 던져라.

 오늘을 사는 지혜의 물음

1. 지금 고민하고 있는 것이 실제로 얼마나 중대한 일인가?
2. 어느 정도면 이 고민에 대해 '손실정지' 명령을 내리고 잊어버릴 수 있는가?
3. 이 '호루라기'에 정확하게 얼마를 지불하면 되는가? 이미 충분히 지불하지 않았는가?

DALE CARNAGIE

06
쏟아진 우유는 다시 담을 수 없다

톱밥을 톱으로 켠다는 것은 불가능한 일이다. 이것은 과거의 사례를 살펴봐도 마찬가지다. 이미 지나가버린 일로 자신의 마음을 괴롭히는 것은 톱밥을 톱으로 켜려는 것과 다름없는 짓이다.

과거의 것은 빨리 잊을수록 좋다

이 글을 쓰면서 잠시 창밖 정원에 있는 공룡의 발자국을 바라본다. 이것은 1억 8천만 년 전 혈암이나 돌에 묻혀 있던 것으로 예일대학의 피버디 박물관에서 구입한 것이다.

아무리 바보일지라도, 이 발자국을 위조하기 위해 1억 8천만 년 이전으로 되돌아가려고 하지는 않을 것이다. 그러나 이것도 우리가 고민하는 것에 비한다면 훨씬 더 현명하다. 180초 전의 일일지라도 뒤늦게 바꾼다는 것은 불가능하기 때문이다. 그런데도 대다수의 사람들은 그것을 바꾸려고 한다. 물론 노력을 기울일 수는 있다. 그러나 이미 일어난 일을 변경할 수는 없다.

과거를 건설적인 것으로 만드는 유일한 방법은 과거의 잘못을 조용히 분석하여 이것을 유용하게 하는 것이다. 그리고 그 과오를 잊어버리는 것이다.

나는 이것이 사실임을 잘 알고 있다. 그렇지만 언제든지 그것을 실행할 만한 용기와 분별력을 가지고 있을까? 이 물음에 대답하기 위해 몇 해 전에 내가 경험한 기이한 일에 대해 말해 보겠다.

과오를 철저히 분석하여 교훈으로 삼아라

나는 50만 달러를 투자했다가 이익은 고사하고 원금마저 몽땅 날려 버린 적이 있다.

당시 나는 대규모의 성인 교육 사업에 뛰어들어 전국으로 사업 확장을 하는데 아낌없이 자금을 쏟아 붓고 있었다. 그런데 나는 강의에만 집중했기 때문에 재무 관리에는 소홀했다. 1년이 지나자 뜻하지 않은 일이 벌어졌다. 그동안 막대한 수입이 있었음에도 불구하고 어찌된 일인지 이익이 한푼도 나지 않았던 것이다 이 상황에서 내가 취할 수 있는 방법은 두 가지뿐이었는데, 그 하나는 흑인 과학자 카바가 한 평생 모은 3만 달러의 적금을 은행 파산으로 잃었을 때 취했던 태도와 똑같이 하는 수밖에 없었다. 그는 은행이 파산한 것을 아느냐는 질문을 받았을 때 "아, 네. 들었습니다"라고 대답하고는 아무 일도 없었던 것처럼 수업을 계속했다. 그날 이후 그는 잃은 돈을 마음속에서 완전히 지우고 두 번 다시 그 말을 입에 담지 않았다.

또 다른 방법은 과오를 철저히 분석하여 교훈을 얻는 것이었다. 그런데 솔직히 고백하건데 나는 그 어느 쪽도 실천하지 못했다. 대신 고민의 소용돌이에 휩쓸려 몇 달 동안 넋이 나간 사람처럼 생활했다. 불면증에 걸렸고, 그 덕분에 체중도 줄었다. 게다가 큰 과오에서 교훈을 찾아내기는커녕 그 뒤로도 같은 과오를 여러 번 저질렀다.

이처럼 어리석은 행위를 고백하는 것은 매우 부끄러운 일이다. 하지만 오래전에 나는 '유익한 것을 20명에게 가르치는 것보다 내가 직접 가르친 것을 몸소 실천하는 편이 훨씬 더 어렵다'는 사실을 깨달았다.

나는 뉴욕의 앨렌 사운더스가 사사했던 조지 워싱턴 고등학교의 폴 브랜드와인 박사의 강의를 듣지 못한 것에 대해 지금까지도 못내 아쉬워하고 있다.

사운더스 씨는 내게 위생학 수업 선생이었던 폴 브랜드와인 박사가 귀중한 교훈을 주었다며 다음과 같은 말을 들려주었다.

✚ 쏟은 우유는 다시 담을 수 없다

"10대들이 대부분 그렇겠지만 저 또한 이 시절엔 걱정거리를 태산만큼 짊어지고 다녔습니다. 더군다나 소심해서 사소한 실수에도 초조해하며 안절부절 못했지요. 시험 답안을 제출한 후에는 혹시 낙제할까 봐 걱정되어 잠을 설치기가 일쑤였습니다. 그리고 이미 지나간 일에 대해 '이랬으면 좋았을걸, 저랬으면 좋았을 것'이라고 하면서 이래저래 후회와 함께 자책을 하곤 했습니다.

그런데 어느 날 아침, 과학실로 수업을 받으러 가다가 폴 브랜드와인 박사님이 누구에게나 잘 보이는 책상머리에 우유병을 놓고 앉아 있었어요. 그 우유를 바라보면서 위생학과 우유가 과연 어떤 관련이 있는지 의아하게 여기면서 자리에 앉았습니다. 그때 폴 브랜드와인 박사님이 갑자기 일어나더니 우유병을 오물통 속에 던져지고는 큰 소리로 이렇게 소리치셨죠.

'엎질러진 우유는 후회해도 소용없다!'

그러고 나서 우리를 오물통 주변으로 모이라고 하고는 깨진 병을 가리키며 말씀하셨습니다.

'잘 보게나, 제군들. 나는 제군들이 일생 동안 이 교훈을 기억하길 바란다. 이 우유는 이미 하수구로 흘러가 버렸다. 제군들이 아무리 떠들고 후회한다 해도 우유는 한 방울도 되돌릴 수 없다. 조금만 조심했더라면 우유는 엎질러지지 않았을지도 모른다. 하지만 이제는 어쩔 도리가 없다. 그렇다면 이제 우리가 할 수 있는 일은 이것을 모두 잊어버리고 다음 일을 시작하는 것뿐이다.'

이 간단한 실험은 입체 기하학이나 라틴어마저 다 잊어버린 뒤에도 마지막까지 제 뇌리에서 사라지지 않았습니다. 4년간의 고교생활에서 제게 이보다 더 참다운 인생의 지혜를 가르쳐 준 분은 없었습니다. 박사님은 우리에게 우유를 엎지르지 않도록 주의할 것 그리고 엎질러졌다면 그 실수를 완전히 잊어버리라고 가르쳐 주셨던 것입니다."

독자들 중에는 '쏟아진 우유는 다시 담을 수 없다'는 이 소중한 금언을 진부하다고 비웃을지도 모른다. 그러나 모든 금언에는 모든 시대의 지혜와 정수가 담겨져 있다. 인류의 쓰디쓴 경험이 무수한 세대를 거쳐 면면히 이어져 온 것이다. 만일 우리가 모든 시대의 위대한 학자들이 고민에 관한 기록을 모조리 독파한다고 해도 '다리에 이르기까지는 다리를 건너지 마라', '쏟은 우유는 다시 담을 수 없다'는 진부한 금언 이상으로 기본적이면서도 의미심장한 말을 찾아볼 수 없을 것이다.

우리가 이 금언을 한귀로 흘려버리는 대신 우리 삶에 적용한다면 이 책은 전혀 쓸모가 없을지도 모른다. 사실 우리가 옛 속담이나 격언을 생활에 적용한다면 우리는 완벽에 가까운 삶을 영위할 수 있을 것이다.

지식이란 실천에 옮길 때 비로소 힘이 된다. 그러므로 이 책의 목적은 새로운 것을 가르치는 데 있는 것이 아니라 이미 우리가 알고 있는 사실을 일깨워서 실생활에 적용할 수 있도록 격려하는 데 있다고 하겠다.

톱밥을 켜지 마라

나는 프레드 풀러 쉐드라는 인물을 존경한다. 그는 오래된 진리를 새롭고 살아 있는 형식으로 설명할 줄 아는 남다른 재능을 가졌다. 그는 〈필라델피아 브레틴〉지의 주간이었는데, 어느 날 대학 졸업을 앞둔 학생들을 대상으로 한 강연에서 이렇게 말했다.

"제군들 중에 나무를 톱질해 본 사람은 손들어 보십시오."

대다수의 학생들이 손을 들었다. 이어 다시 질문을 했다.

"혹시 톱밥을 켜본 사람 있습니까?"

이 말에는 아무도 손을 들지 않았다.

"물론 톱밥을 톱으로 켠다는 것은 불가능한 일입니다. 이것은 과거에 대입해 봐도 마찬가지입니다. 이미 지나가버린 일로 자신의 마음을 괴롭히는 것은 톱밥을 톱으로 켜려는 것과 다름없는 짓입니다."

81세의 야구계 대 원로인 커니 마크에게 경기에 패해서 고민한 적이 있느냐고 물었다.

"그야 물론 왜 후회한 적이 없겠나. 하지만 그런 어리석은 짓은 아주 일찌감치 졸업해 버렸다네. 고민을 해도 아무런 소용이 없다는 것을 아니까. 이미 흘러가버린 물로 방아를 찧을 수는 없지 않겠나."

정말 그렇다. 흘러가버린 물로는 어떻게 방아를 찧을 것이며, 톱으로 톱밥을 켤 수 있겠는가. 그러다가 얼굴에 주름살만 늘고 위암에 걸리게 될 것이다.

작년 추수 감사절에 뎀프시와 저녁식사를 한 적이 있다. 그는 소스를 바른 칠면조 요리를 먹으면서 터니에게 헤비급 타이틀을 빼앗겼던 경기에 대해 이야기했다. 그것은 분명히 뎀프시에게 엄청난 충격이었다.

"경기 중에 문득 제 자신이 나이가 들었다고 느껴졌습니다. 10라운드가 끝났을 때까지도 저는 멍하니 서 있었어요. 얼굴은 상처투성이에 통통 부어 있었고, 눈은 거의 감겨 있었지요. 심판이 승리의 표시로 터니의 손을 번쩍 치켜들고 있었습니다. 저는 이제 더 이상 세계 챔피언이 아니었습니다. 저는 비를 맞으면서 군중들을 헤치고 탈의실로 달려갔습니다. 제가 지나갈 때 몇 몇 사람이 제 손을 잡으려고 했고 눈물마저 글

썽이는 것을 볼 수 있었습니다. 그리고 1년 후, 저는 터니와 다시 싸웠습니다. 그러나 또다시 패배하고 말았습니다. 저는 '이제 영원히 끝장이구나!' 하고 생각하니 절망감이 밀려왔지만 한편으로는 제 자신에게 이렇게 타일렀습니다. '과거를 붙잡고 살아서는 안 된다. 엎지른 우유 때문에 괴로워하지 말자. 패배를 인정하자. 차라리 미래의 계획에 집중하자!'"

훗날 그는 '잭 뎀프시 레스토랑'과 '그레이트 노던 호텔'을 경영하게 되었다. 또 권투 경기의 흥행을 주관하거나 시범 경기에 직접 출전하는 등 끊임없이 건설적인 사업에 집중함으로써 성공을 일궈냈다. 과거에 집착할 여유도 없이 말이다. 그는 내게 "지난 10년 동안 챔피언으로 지낼 때보다 더 즐거운 생활을 하고 있습니다"라고 말했다.

역사 속 인물의 전기를 읽을 때마다 그들이 고난과 역경을 이겨내고 행복한 삶을 영위하는 것을 보면 언제나 감탄하지 않을 수 없다.

나는 싱싱 교도소를 방문한 적이 있는데, 그곳 죄수들이 사회의 일반 사람들과 마찬가지로 매우 행복한 생활을 하고 있는 것을 보고 깜짝 놀랐다. 나는 이곳 교도소장에게 자초지종을 들을 수 있었다.

"죄수들이 처음 싱싱 교도소에 왔을 때 다른 죄수들과 마찬가지고 얼마 동안은 세상과 사람들에 대해 원망을 합니다. 그러나 몇 달만 지나면 다소 분별 있는 죄수들은 마음이 차차 안정되어 조용히 교도소 생활에 적응합니다. 전에 정원사였던 어느 죄수는 감옥에서 야채와 꽃을 가꾸면서 노래를 부르곤 했습니다."

이처럼 꽃을 가꾸면서 노래를 부르는 싱싱 교도소의 죄수는 우리보다도 훨씬 분별력이 있다고 말할 수 있다.

> 움직이는 손은 기록하고 그 다음에 다른 행으로 옮겨간다네.
> 그대의 믿음도 지혜도
> 그 '한 줄'의 절반도 지울 수 없고
> 행의 절반도 지울 수 없고
> 그대의 모든 '눈물'도
> 그 '한 마디'를 지울 수 없다.
> 그러니 헛되이 눈물을 흘리지 말지어다.

물론 우리는 많은 실수나 어리석은 행동을 범한다. 그래서 어쨌단 말인가. 누구나 저지르는 일이 아닌가.

천하의 나폴레옹까지도 그가 싸운 중대한 전쟁의 3분의 1은 패배했다. 그렇다면 우리의 타율이 결코 나폴레옹보다는 나쁘지 않을 것이다.

아무리 한 나라의 모든 병력을 동원한다 해도 과거를 돌이킬 수는 없다. 그러므로 여섯 번째 법칙을 잊지 말자.

> **? 오늘을 사는 지혜의 물음**
>
> 1. 걱정 때문에 괴로워하고 있는가?
> 2. 하지만 아무리 한 나라의 모든 병력을 동원한다 해도 과거를 돌이킬 수는 없다.

걱정이 습관이 되기 전에 물리치는 법

1. **바쁘게 생활하라.**
   ① 고민이 있으면 바쁘게 생활하라. 일은 고민에 유일한 처방은 '일'이다. 고민은 습관이 병이 된 것이다. 일하라. 고민할 시간이 없도록!

2. **사소한 것에 넘어지지 마라.**
   ① 시시하고 사소한 것에 신경쓰다 지금의 행복을 파괴해서는 안 된다. 시시하게 살기에 인생은 너무나 짧다.

3. **평균율의 법칙을 적용하라.**
   ① 걱정에 앞서 이 일이 일어날 가능성은 몇 퍼센트인가를 자문해 보라. 보험은 인간의 지나친 고민을 이용한 돈벌이다.

4. **어쩔 수 없다면 받아들여라.**
   ① 사태를 변경하거나 개선할 수 없다면 이미 그렇게 되어 있는 것이다. 자기 자신에게 속삭여라. 받아들이자고. 모든 일은 내 마음에 달렸다.
   ② 버드나무처럼 휘고 떡갈나무처럼 저항하지 마라. 때로는 불가피한 것은 조용히 감내하라.

5. **걱정에 대해 '손실 정지' 명령을 내려라.**
   ① 적당한 고민의 한도를 정해 그 이상의 고민을 거부하라. 그렇지 않으면 교훈을 얻을 때까지 대가를 지불해야 한다.

6. **쏟아진 우유는 다시 담을 수 없다.**
   ① 엎지른 우유 때문에 괴로워하지 마라. 패배를 인정하고 미래의 계획에 집중하라.

제 6 장

참다운 행복을 얻는 법

DALE CARNAGIE

DALE CARNAGIE

01
유쾌하게 생각하고 행동하라

마음은 그 자신의 터전이네. 그 안에서 지옥을
천국으로도 천국을 지옥으로도 만들 수 있나니.

생각이 운명을 결정한다

인생을 살면서 얻은 가장 소중한 교훈이 있다면 그것은 '사고의 중요성'이다. 자신이 무엇을 생각하고 있는지를 정확히 안다면 그는 자신이 누구인지를 아는 사람이다. 생각이 자기 자신을 만들기 때문이다. 내 정신 상태, 즉 내 마음은 운명을 결정하는 가장 중요한 요소다.

에머슨은 사고의 중요성에 대해 이렇게 말했다.

"그가 종일 생각하고 있는 것, 그것이 바로 그 사람이다."

정말 그렇다. 그러므로 우리가 해야 할 일 중에 가장 중요하고 유일한 것은 매순간 올바른 생각을 선택해서 하는 것이다. 만약 올바른 생각을 선택하는 데 성공한다면 고민을 모두 해결하는 길이 열리게 된다.

로마제국의 통치자이자 위대한 철학자였던 마르쿠스 아우렐리우스는 운명을 결정하는 요소를 한마디로 이렇게 요약했다.

"우리 인생은 우리의 사고로 만들어진다."

그렇다. 즐거운 생각을 하면 즐거울 것이고, 불행한 생각을 하면 불행할 것이다. 또한 무서운 생각을 하면 무서울 것이고, 병을 생각하면 병에 걸릴지도 모른다. 실패를 생각하면 분명 실패할 것이다.

독자들은 내가 모든 문제에 대해 지나칠 정도로 낙천적인 태도를 취하는 것이 아닌가 생각할 수도 있다. 그렇지만 아니다. 불행하게도 인생은 그렇게 단순하지 않다. 다만 나는 소극적인 태도에서 벗어나 좀더 적극적으로 인생을 살아가야 한다고 주장하는 것이다.

인간은 자신의 중대한 문제에 대해 신경을 쓸 수밖에 없다. 그러면서도 겉으로는 가슴에 카네이션을 달고 아무렇지 않는 듯이 당당하게 거리를 활보한다. 나는 로웰 토머스에게서 그것을 보았다.

✚ 패배 앞에서도 항복하기를 거부한 로웰 토머스

로웰 토머스는 다양한 전쟁 영화를 많이 제작했다. 특히 다채로운 아라비아 군의 활약과 알렌비 군의 성지 탈환에 관한 두 영화는 놀라웠다.

"팔레스타인에서는 알렌비, 아라비아에서는 로렌스와 함께"라는 그의 강연은 런던은 물론이고 전 세계에 센세이션을 불러일으켰다.

그는 로열 오페라하우스에서 모험에 가득 찬 이야기를 들려주었다. 영화 상영을 계속하기 위해 런던의 오페라 시즌은 6주일이나 연기되었다. 그리하여 런던에서 놀라운 성공을 거둔 후 세계 각국을 순회하며 호평을 받았다.

이러한 성공의 여세를 몰아 그는 인도와 아프가니스탄의 생활을 영화로 제작하려고 준비했다. 그런데 얼마 후 믿기 어려운 불행이 그를 기다리고 있었다.

결론적으로 말하면 그는 런던에서 파산했던 것이다. 순식간에 화려한 찬사가 거품처럼 가라앉자, 그는 거리의 뒷골목에서 싸구려 음식을 먹어야 했고, 친구들에게 돈을 빌려 생활해야 했다. 이유야 어째든 여기에 이야기의 초점이 있다.

로웰 토머스는 막대한 부채로 깊은 실의에 빠졌다. 하지만 고민은 하지 않았다.

만약 이 역경에서 좌절한다면 채권자나 세상 사람들에게 전혀 쓸모없는 인간이 되고 만다는 사실을 그는 잘 알고 있었다. 그래서 그는 매일 아침 외출 할 때마다 가슴에 꽃 한 송이를 꽂고 위풍당당하게 옥스퍼드 거리를 활보했다.

그는 마음을 굳게 먹고 어떠한 상황에도 용기를 갖고 패배에 굴복하기를 거부했다. 패배란 그에게는 게임의 일부에 불과했다. 패배는 정상을 향해 가는 자에게 반드시 필요한 훈련에 지나지 않았다.

정신적인 태도는 육체에 거의 믿을 수 없을 만큼 많은 영향을 미친다. 영국의 유명한 정신과 의사 하드필드는 54쪽에 이르는 그의 저서 《심리의 힘》에서 그 사실을 설명했다.

"악력계握力計를 사용하여 암시가 완력에 미치는 영향에 관하여 세 남자에게 실험을 해보았다.

우선 그들에게 힘껏 악력계를 쥐게 했다. 이를 세 가지의 다른 조건에서 실시했다. 보통 상태에서 테스트했을 때, 그들의 평균 악력은 101파운드였다.

다음에는 최면을 걸고 '당신은 매우 약하다'는 암시를 준 다음 재어 보았더니 겨우 29파운드의 악력, 곧 보통 힘의 3분의 1 이하였다. 세 사람 중 한 사람은 우승한 전력이 있는 권투선수였는데, 최면을 걸고 '상신은 약하다'는 암시를 주자 '내 팔은 어린애의 팔처럼 작다'고 말했다.

이번에는 '당신은 강하다'는 암시를 준 후에 측정하였다. 평균 악력이 142파운드에 달했다. 그들의 마음이 강하다는 적극적인 생각으로 충만하자 육체적인 힘이 50퍼센트나 증가했던 것이다."

이것이 우리 정신의 믿기 어려운 힘이다.

알았다면 즉각 행동하라

여기서 신념의 마력을 설명하기 위해 미국 역사상 가장 놀라운 이야기 하나를 소개하기로 한다. 이에 대해서는 책 한 권 분량으로 소개할 만하지만 간단히 줄여 소개하기로 한다.

✚ **신념의 마력을 믿은 메리 베이커 에디 여사**

남북전쟁이 끝난 지 얼마 되지 않은, 서리가 유난히 많이 내린 10월의 어느 날 밤이었다. 집이 가난하여 여기저기 떠돌아다니던 한 여자가 매사추세츠 주 암즈메리에 사는 퇴역 해군 대령의 아내 웹스터의 집 문을 두드렸다.

웹스터가 문을 열자, 앙상한 뼈와 거죽만 남은 자그마한 체구의 여자가 서 있었다. 그녀는 자신을 그로버 부인이라고 소개하고 나서 밤낮으로 자신을 괴롭히는 문제를 해결하기 위해 이곳에 왔다고 했다.

"그럼, 우리 집에서 함께 지내면 어떨까요? 이렇게 큰 집에 저 혼자 살고 있답니다."

웹스터 부인이 이렇게 말하자 그로버 부인은 기꺼이 응했다. 그러던 어느 날 웹스터 부인의 사위가 이곳에 휴가차 들렀다. 그는 그로버를 보자마자 '이 집에 근본도 모르는 사람을 함부로 살게 할 수 없다'고 떠들었고, 그 바람에 이 불쌍한 여인은 쫓겨나고 말았다.

그날은 장대비가 온종일 쏟아지고 있었다. 그녀는 어디로 가야 할지 몰라 한동안 비를 맞으며 거리를 헤매다가 비를 피할 곳을 찾아 정처 없이 길을 걸었다.

그런데 여기에 인생의 아이러니가 숨어 있다. 웹스터 부인 집에서 쫓겨난 이 가엾은 여인, 즉 그로버 부인은 훗날 세계 역사상 커다란 영향을 미칠 운명을 가지고 있었다.

그녀가 바로 '크리스천 사이언스'의 창시자 메리 베이커 에디로, 수백만 신도들에게 찬사와 숭배를 받고 있다. 그러나 그때까지만 해도 그녀에게 남은 것은 질병, 슬픔, 비극 외에는 아무것도 없었다. 그녀의 첫 남편은 결혼한 지 얼마 안 되어 세상을 떠났다. 두 번째 남편은 그녀를 버리고 남의 아내와 놀아나다가 빈민가에서 숨진 채 발견되었다. 그녀에게는 자식이 하나 있었으나 가난과 질병 때문에 네 살배기 아들마저 버려야만 했다. 그들은 무려 31년이 지나서야 가까스로 다시 만날 수 있었다.

그녀는 선천적으로 허약해서 자연스럽게 '정신요법 과학'에 흥미를 가지게 되었다. 그녀의 생애에 극적인 전환점이 되어 준 것은 매사추세츠 주 린에서 일어났다.

어느 추운 날 아침에 뒷골목을 걷고 있을 때 그녀는 빙판에 넘어져 척추를 크게 다친 채 의식을 잃고 쓰러졌다. 행인에 의해 병원으로 옮겨진 그녀에게 의사는 사망선고를 내렸다. 설령 목숨을 건진다 하더라도 다시 걸을 수 없을 것이라고 했다.

죽음의 침상으로 생각되는 곳에 누워 메리 베이커 에디는 성경책을 펴들고 마태복음의 한 구절을 읽었다.

'사람들이 중풍에 걸린 환자를 침상에 누인 채 예수께 데려왔습니다. 예수께서 중풍환자를 향해 이르시되, 안심하라. 네가 네 죄를 사했느니라.……일어나 네 침상을 가지고 집으로 돌아가라' 하시니 그가 일어나 집으로 돌아갔습니다.'

그리스도의 한 마디는 그녀를 영적으로 일깨웠으며, 그로 인해 빠른 속도로 몸이 회복되더니 마침내 '벌떡 침대에서 일어나 걸었다'라고 그녀는 훗날 간증했다.

"그 경험은 내 자신을 건강하게 만드는 방법이었을 뿐만 아니라, 동시에 다른 사람까지도 건강하게 만드는 방법임을 알게 되었습니다."

훗날 메리 베이커 에디는 신흥 종교 창시자가 되었으며, 사제장의 자리에 올랐다. 그녀가 창시한 크리스천 사이언스는 여성에 의해 시작된 유일한 신교로 전 세계에 널리 퍼져 있다.

여러분 중에는 "카네기는 크리스천 사이언스를 선전하고 있다"고 말하는 사람이 있을지 모른다.

그러나 결코 그렇지 않다. 나는 크리스천 사이언스의 신자는 아니지만 나이를 먹어감에 따라 사고력의 위대성에 확신을 갖게 되었다.

35년 동안 성인을 상대로 강연해 오면서 누구든지 자신의 생각을 변화시키면 고민과 공포와 그 밖의 모든 질병을 몰아내어 생활을 완전히 변화시킬 수 있다는 사실을 깨닫게 되었다.

나는 '알고 있다! 알고 있다! 알고 있다!'를 몇 백 번 외우다 보면 믿기지 않은 변화가 일어난다. 나는 이것을 자주 보았기에 조금도 의심하지 않는다.

걱정의 원인은 우리 내면에 있다

이제 생각의 힘에 대해 설명하고자 한다. 실제로 믿기지 않는 변화가 내 강좌 수강생에게서 일어났다. 당시 그 수강생은 심한 신경쇠약에 시달리고 있었는데 원인은 걱정 때문이었다. 다음은 그의 경험담이다.

✚ 온갖 걱정으로 걱정병에 걸린 사나이

"저는 매사 고민쟁이였습니다. 너무 말랐다든지, 대머리라든지, 결혼자금을 마련하지 못했다든지, 혹은 좋은 아버지가 될 수 있을까, 실연당하지 않을까, 올바른 생활을 하지 못하는 것은 아닐까, 남에게 나쁜 인상을 남기지는 않을까 등등 매사가 걱정거리였습니다. 또 어떤 때는 위궤양을 앓고 있는 게 아닌가 싶어 괴로워하다가 결국 일이 손에 잡히지 않아 직장마저 그만둔 적이 있었습니다.

체내에 긴장이 가득 차 마치 안전핀이 없는 보일러 같았습니다. 그리고는 점점 압력이 강해져 금세라도 터질 것 같더니 끝내 폭발하고 말았습니다. 심각한 신경쇠약에 걸린 것입니다. 어떤 육체적 고통도 고민에 시달리는 마음의 고통에 비하면 아무것도 아니었습니다.

저는 신경쇠약이 너무나도 심각해 가족들과 대화도 못할 정도였습니다. 생각과 감정을 조절할 수가 없었습니다. 두려움에 짓눌려 조그마한 소리에도 깜짝 놀라며 사람을 피했고, 느닷없이 고함을 지르며 울부짖기도 했습니다.

하루하루가 고통의 연속이었죠. 저는 사람들은 물론 하느님께마저 버림받았다고 생각하고 강물에 뛰어들어 죽고 싶은 충동에 사로잡히곤 했습니다. 그러던 중 플로리다로 여행을 떠나보자는 생각을 했습니다. 장소가 바뀌면 마음도 달라질지 모른다고 생각했던 것입니다. 당시 기차에 오르기 직전 아버지께서 편지 한 통을 손에 쥐어 주시면서 플로리다에 도착할 때까지는 절대로 펴보지 말라고 당부하셨습니다.

플로리다에 도착했을 때는 관광 성수기여서 호텔은 이미 여행객으로 초만원을 이루고 있었습니다. 저는 가까스로 어느 주차장에 있는 침실을 빌려 여장을 풀었습니다. 저는 여행 중에 경비를 벌기 위해 마이애미

발 부정기 화물선에서 일자리를 구하려 했으나 끝내 구하지 못했습니다. 바닷가에서 소일하게 되었지만, 고향에 있을 때보다 조금도 나을 것이 없었습니다. 그때 문득 아버지의 편지가 생각났습니다. 나는 편지를 꺼내어 천천히 읽어내려 갔습니다.

'사랑하는 아들아, 넌 지금쯤 집에서 1천5백 마일이나 떨어져 있는 곳에 있겠구나. 그러나 집에 있을 때와 별로 달라지 않았을 것이다. 나는 그것을 알고 있다. 네가 고민의 씨앗을 몸에 지니고 갔으니 말이다. 그것은 바로 너 자신이란다. 내가 보기에 네 심신에는 아무런 문제가 없는 것 같더구나. 네가 마주한 상황이 너를 괴롭힌 게 아니라 네 생각이 너를 괴롭히고 있기 때문이지. 지금 네가 마음속으로 생각한 것이 네 자신이란다. 이 사실을 깨달았다면 집으로 돌아오너라. 그때쯤이면 이미 병이 다 나았을 테니 말이다.'

아버지의 편지를 읽고 위안이 되기보다 오히려 화가 치밀었습니다. 제가 가족들에게 바라는 것은 무조건적인 지지였지 교훈 따위가 아니었습니다. 저는 몹시 흥분하여 다시는 집으로 돌아가지 않겠다고 결심했습니다.

그날 밤 저는 마이애미의 어느 뒷골목을 배회하다가 예배 중인 교회 앞에 멈춰 섰습니다. 그곳에서 '자기를 이기는 사람은 한 도시를 정복하는 자보다 강하도다'라는 성경 구절에 대한 설교를 듣게 되었습니다.

저는 교회 안으로 들어가 아버지의 편지 내용과 똑같은 설교를 들었습니다. 그런데 어찌된 영문인지 그때서야 비로소 제 머릿속에 켜켜이 쌓인 쓰레기와 먼지가 말끔히 씻겨 나가는 것 같았습니다.

생전 처음으로 사물을 분명하고 명확하게 생각할 수 있게 되었고, 제 어리석음을 깨닫게 되었습니다. 참된 광명의 빛을 받은 제 모습을 보고 깜짝 놀라지 않을 수 없었습니다. 지금까지 온 세상과 이 땅 위에 사는 온 인류를 바꾸리라는 생각은 했지만 오히려 바꿔야 할 것은 오직 하나, 제 마음이었던 것입니다.

저는 그 즉시 짐을 꾸려 집으로 돌아왔습니다. 그리고 일주일 후에는 옛 직장에 다시 출근했습니다. 또 한때 실연당할까 봐 전전긍긍했던 소녀와 결혼해서 행복하게 살고 있습니다.

가끔 불안에 사로잡히게 되면(이것은 누구도 피할 수 없는 일이지만) 저는 '마음의 카메라에 초점을 잘 맞추라'고 스스로를 다독입니다. 그러면 그것으로 모든 것이 원만하게 해결됩니다.

돌이켜보건대, 저는 신경쇠약에 걸린 것이 다행이었던 것 같습니다. 인간의 생각이 몸과 마음에 얼마나 큰 영향을 미치고 있는지를 분명히 알았기 때문이죠. 이제 저는 어떤 상황에도 순응할 수 있는 법을 터득했습니다. 일찍이 아버지께서 "모든 고민의 원인은 외부에 있는 것이 아니라 자신이 그 문제를 어떻게 생각하느냐에 달려 있다"고 말씀하신 것이 옳았다고 생각합니다. 이 사실을 알게 된 순간, 비로소 저는 마음이 홀가분해졌습니다.

생활에서 얻을 수 있는 마음의 평화와 기쁨은, 우리가 어디에 위치하고, 무엇을 얼마나 갖고 있으며, 우리가 누구인가에 좌우되는 것이 아니라, 우리의 정신 태도 여하에 달려 있다고 나는 확신한다. 여기서 외부

조건은 거의 상관이 없다.

생각하는 대로 이루어진다

인간이 용기와 평정심, 창의적 사고력을 지니고 있다면 자기 관에 걸터앉아 교수대로 끌려가면서도 경치를 즐길 수 있으며, 텐트 속에서 기아와 혹한으로 죽어가면서도 유쾌한 노래로 충만할 수 있음을 알 수 있다. 《실락원》의 저자이자 장님이었던 밀턴은 3백 년 전에 이러한 진리를 이미 깨달았다.

> 마음은 그 자신의 터전이네.
> 그 안에서 지옥을 천국으로도
> 천국을 지옥으로도 만들 수 있나니.

나폴레옹과 헬렌 켈러도 밀턴의 말을 그대로 실증하고 있다. 나폴레옹은 모든 인간이 갈망하는 영광과 권력 그리고 부귀를 손아귀에 넣었음에도 불구하고 센트 헬레나에서 "내 일생에서 행복했던 날은 겨우 엿새에 불과하다"고 말했다. 반면에 장님이면서 벙어리였던 헬렌 켈러는 "나는 인생이라는 것이 참으로 아름답다고 생각한다"고 단언했.

반세기를 살아오면서 내가 확실하게 배운 게 있다면 그것은 '인간에게 행복을 가져다주는 것은 그 자신밖에 없다'는 사실이다.

프랑스의 철학자 몽테뉴는 다음과 같은 말을 좌우명으로 삼았다.

"인간은 일어난 일 때문에 상처 받은 것 이상으로 앞으로 일어날 일에 대한 두려움으로 상처 받고 있다."

앞으로 일어날 일에 대한 두려움은 우리의 마음에 달려 있다. 그렇다면 이것은 무슨 의미인가? 고민에 사로잡혀 신경이 곤두섰을 때는 의지의 힘에 따라 정신적 태도를 변경할 수 있다고 주장하는 것일까? 그렇다. 바로 그대로다! 여기서 더 나아가 나는 그 방법을 전수하고자 한다. 그러기 위해서는 노력이 필요하지만 그 비결은 간단하다.

응용심리학 분야의 최고 권위자인 윌리엄 제임스는 이렇게 설명했다.

"행동은 감정에 따라 움직이는 것처럼 생각할 수 있지만 실제로 행동과 감정은 동시에 작용한다. 좀더 직접적인 의지의 지배하에 있는 행동을 조절함으로써 우리는 의지가 직접적으로 지배하고 있지 않는 감정을 간접적으로 규제할 수 있다."

바꾸어 말하면 단지 결심하는 것만으로는 감정을 바로 바꿀 수 없으나 행동을 바꿀 수는 있다는 것이다. 그리고 행동을 바꾸면 자동적으로 감정이 바뀌게 된다. 그는 또 이렇게 말했다.

"쾌활함을 잃었을 때 저절로 회복하는 가장 좋은 방법은 쾌활한 마음자세를 갖고 유쾌한 것처럼 말하고 행동하는 것이다."

그렇다면 이 간단한 비결이 과연 어디에 도움이 되는지 시험해 보라. 일단 얼굴에 미소를 띠고 어깨를 펴고 크게 숨을 쉬고 어떤 노래라도 좋으니 불러 보라. 만일 노래를 못 부르겠거든 휘파람이라도 불어 보라. 또 휘파람도 불지 못하겠거든 흉내라도 내보라. 그러면 윌리엄 제임스가 한 말을 이해할 수 있을 것이다. 겉으로 정말 행복한 것처럼 행동하면서 동시에 고민하는 것이 육체적으로 불가능하다는 사실을 알게 될 것이다.

그렇다면 여기서 내가 한 가지 질문을 하겠다. 건강과 용기에 관한 긍정적인 생각만으로 한 사람의 생명을 구할 수 있다는 사실을 안다면, 어째서 사소한 우울과 좌절로 괴로워하는가? 또 쾌활하게 행동함으로써 행복을 가져올 수 있는데도 어째서 자신뿐만 아니라 주위 사람들을 불행하게 만드는가?

오래 전에 나는 작은 책자 하나를 읽고 감명 받은 적이 있다. 그것은 제임스 알렌의 《생각하는 대로》라는 책이었는데 그중에 다음과 같은 구절이 있다.

'사람이 타인이나 사물에 대한 자신의 생각을 바꾸면 타인이나 사물도 우리에 대한 생각을 바꾼다는 사실을 알게 될 것이다.……생각을 바꾸게 되면 그에 따라 생활의 외적인 조건이 급속도로 변화되는 것을 보고 놀라게 될 것이다. 하지만 사람들은 자신이 원하는 것을 끌어들이는 것이 아니라, 있는 그대로의 현상만을 인식하고 받아들인다.……그러나 목적을 가능하게 해주는 신성이 우리 내부에 존재한다.……인간이 이룩한 모든 성과물은 그들이 생각한 직접적인 결과인 것이다.

인간은 그들의 사고를 고양함으로써 존립하고 정복하며 성취할 수 있다. 만약 그것을 거부하게 되면 약하고 비참한 상태를 벗어날 수 없을 것이다.

《구약성서》의 '창세기'에 따르면 하느님께서는 인간에게 온 세상의 지배권을 주었는데, 이것은 실로 엄청난 선물이다. 그러나 나는 그 같은 초제왕적 특권에는 흥미가 없다. 내가 바라는 전부는 자신을 지배하는, 즉 자신의 사고를 지배하는 것뿐이다. 놀랍게도 단순히 자신의 행동을 조절하기만 하면 자기 내부의 감정적 반응을 억제할 수 있게 된다니, 마음이 내킬 때는 이제 언제든지 이러한 자기 지배력을 장악할 수 있게 된 것이다.

그러므로 윌리엄 제임스가 한 말을 항상 기억하라.

"이른바 악의 대부분은 고민하고 있는 사람의 내면적 태도를 공포에서 투지로 변화시킴으로써 축복할 만한 선으로 바꿀 수 있다."

이제 행복을 위해 싸우자. 쾌활하고 건설적인 사고의 계획에 따라 행복을 위해 싸우자. 여기에 그 놀라운 계획이 있다. 바로 '오늘만은 이렇게 지내라'라는 제목이다.

나는 이 프로그램이 사람들을 고무시키는 데 대단히 도움이 된다고 생각했기 때문에 수백 장을 복사해서 여러 사람에게 나누어 주었다. 이것은 오래전에 시빌 피트리지가 쓴 것인데, 우리가 그것을 실행하게 되면 대부분의 고민을 없애고, 프랑스 사람들이 말하는 삶의 기쁨을 누릴 수 있을 것이다.

오늘만은 이렇게 지내라

1. 오늘만은 행복하게 지내리라. 링컨은 "대부분의 사람들은 자기가

행복해지려고 결심한 만큼 행복해진다"라고 말했는데 맞는 말이다. 실제로 행복은 내부에서 오는 것이지 결코 외부에서 오는 게 아니다.

2. 오늘만은 사물에 순응하리라. 사물을 자신이 원하는 대로 지배하려 하지 않겠다. 가족, 일, 행운을 있는 그대로 받아들여 거기에 내가 적응하리라.

3. 오늘만은 몸을 돌보리라. 적당한 운동으로 몸을 아끼고 충분한 영양을 섭취하겠다. 또 몸을 지나치게 혹사하거나 무시하지 않으리라. 그러면 몸은 내 명령에 따르는 완전한 기계가 될 것이다.

4. 오늘만은 마음을 굳게 가지리라. 무엇이든 이로운 것을 배워 정신적 게으름뱅이가 되지 않을 것이다. 사고와 정신집중을 필요로 하는 책을 읽을 것이다.

5. 오늘만은 세 가지 방법으로 내 영혼을 운동시키리라. 남모르게 착한 일을 하겠다. 윌리엄 제임스가 말한 대로 수양을 위해 적어도 두 가지는 하고 싶지 않은 일을 하겠다.

6. 오늘만은 유쾌하게 지내리라. 되도록 활발하게 보이도록 멋진 옷을 입고 조용히 이야기하며 예의 바르게 행동하고 마음껏 남을 칭찬하리라. 그리고 남을 비판하지 않고 약점도 지적하지 않으며 남에게 훈계하거나 경고도 하지 않으리라.

7. 오늘만은 오늘 하루로만 열심히 살아보리라. 인생의 모든 문제를 단번에 결판낼 수는 없다. 하지만 일생에서 도저히 감당할 수 없는 문제일지라도 12시간 안에 결말을 지어 보리라.

8. 오늘만은 하루 계획을 작성해 보리라. 매 시간 해야 할 일을 기록하겠다. 설령 그대로 되지 않을지라도 어쨌든 실행해 보리라. 그러면 서두르고 주저하는 나쁜 습관은 없어질 테니까.

9. 오늘만은 단 30분이라도 혼자서 조용히 쉴 수 있는 시간을 가져 보리라. 그리고 한 번쯤 신에 대해 생각해 보리라. 그래야 내 인생에 대한 올바른 견해를 가질 수 있을 테니까.

10. 오늘만은 두려움을 갖지 않으리라. 특히 행복해질 것을 두려워하지 않고 아름다운 것을 즐기며 사랑하는 것을 겁내지 않고 내가 사랑하는 이들 또한 나를 사랑해 줄 것이라 굳게 믿어 보리라.

진정으로 평화와 행복을 가져다주는 정신력을 기르고 싶다면 다음 법칙에 충실하라.

> **? 오늘을 사는 지혜의 물음**
>
> 1. 오늘 나는 어떻게 지내고 있는가?
> 2. 생각이 운명을 결정한다는 사실을 아는가?
> 3. 이제, 유쾌하게 생각하고 행동하라. 그러면 행복해질 것이다.

DALE CARNAGIE

02 원수를 사랑하고 축복하라

네 원수 때문에 난롯불을 뜨겁게 지피지
마라. 오히려 그 불이 너 자신을 태우리라.

원수를 용서하라

엘로스톤 국립공원을 여행했을 때의 일이다. 어느 날 밤, 나는 다른 여행객과 함께 소나무와 가문비나무가 울창한 산림을 바라볼 수 있는 자리에 앉아 있었다. 곰을 구경하기 위해서였다. 얼마 후 공포의 대상이던 회색 곰이 환한 불빛 아래로 모습을 드러내더니 공원 안 호텔 식당에서 버린 음식 찌꺼기를 먹기 시작했다.

말을 타고 있던 산림 감독관 마틴 데일 소령은, 이 광경을 보고 흥분한 여행객들에게 곰에 대한 이야기를 들려주었다.

회색 곰은 서부의 다른 어떤 동물보다 강하며 이와 맞설 수 있는 동물은 들소와 코디악 곰 정도라고 했다. 그런데 그날 밤 나는 회색 곰이 숲속에서 나온 한 마리 짐승에게 먹이를 나누어 주는 광경을 보았다. 그 짐승은 다름 아닌 스컹크였다. 곰은 그 앞발로 단번에 스컹크를 쓰러뜨릴 수 있는데도 어째서 가만히 있었을까? 곰은 경험에 의해 그것이 자신에게 불리하다는 사실을 알고 있었기 때문이다.

나도 그것을 잘 알고 있었다. 어렸을 때 스컹크를 잡은 경험이 있었는데 어른이 되어서는 뉴욕의 뒷골목에서 가끔 두 발로 걷는 스컹크를 만난 적이 있다. 어쨌든 내 경험으로 볼 때 스컹크를 건드리는 것은 손해였다.

우리가 적을 미워하면 미워할수록 적에게 힘을 실어 주게 된다. 그것은 바로 우리의 수면과 식욕, 혈압과 건강 그리고 행복에 관한 부정적인 힘이 된다.

우리의 적은 그것들이 우리를 괴롭히고 있다는 사실을 알면 기뻐할 것임에 틀림없다. 말하자면 증오는 조금도 그들에게 상처를 주지 않고 우리 자신에게 밤낮으로 지옥 같은 고통을 맛보게 한다.

"만일 어떤 이기적인 사람이 당신에게서 강압적으로 이익을 취하려고 한다면 그 사람과 상대하지 않는 것이 상책이다. 보복은 하지 않는 것이 낫다. 보복을 하려는 순간 상대를 해치기보다는 오히려 자기 자신이 손해를 입기 십상이다."

몽상적인 이상주의자의 헛소리처럼 들릴지 모르지만 이 말은 밀워키의 경찰 본부에서 발간한 '경찰 홍보' 글에 실린 것이다.

그렇다면 보복이 어떻게 우리에게 손해를 입히게 될까? 여기에는 여러 가지 방법이 있다. 〈라이프〉 지에 따르면 그것은 건강까지도 해롭게 만들 수 있다.

'고혈압 때문에 고민하는 사람들의 개인적인 특성은 원한이다. 원한이 만성화되면 만성 고혈압과 심장병을 일으키게 된다.'

그러므로 그리스도가 "원수를 사랑하라"고 한 말은 단순히 올바른 도덕만을 가르친 것이 아니라 현대 의학까지도 설명한 것이다.

이것에 대해 셰익스피어는 다음과 같이 말하고 있다.

"너의 원수 때문에 난롯불을 뜨겁게 지피지 마라. 오히려 그 불이 너 자신을 태우리라."

부드러운 답변은 노여움을 푼다

그리스도가 "우리의 원수를 일곱 번의 70배까지 용서하라. 너희 원수를 사랑하고, 너희를 미워하는 자들에게 은혜를 베풀며, 너희에게 악담하는 자들에게 복을 빌어 주고, 너희를 증오하는 이들을 위하여 기도하라"고 했을 때 그는 건실한 사업에 관한 방법까지도 가르쳤던 것이다.

여기에 스웨덴 웁살라에 사는 조지 로나에게서 받은 편지가 있다.

✚ 감사 편지를 써서 취직에 성공한 변호사

그녀는 빈에서 변호사로 활동하다가 제2차 세계대전 중에 스웨덴으로 피난을 갔다. 무일푼이 된 그녀는 일자리를 구해야만 했다. 여러 언어에 능통한 그녀는 무역회사 통신원으로 취직하려 했지만 전쟁 탓에 지원하는 곳마다 일자리가 없으니 연락처를 남겨 두고 가라는 말만 되풀이해서 들었다. 그런데 한 회사에서만 다음과 같은 답장을 보내 왔다.

"무역회사에 취직하겠다구요? 당신의 생각이 잘못되었다는 것을 지적해 주고 싶습니다. 물론 우리 회사에는 지금 통신원이 필요 없습니다만, 필요하다 해도 당신을 채용할 생각은 조금도 없습니다. 당신은 스웨덴 말에 능숙하지 않을 뿐만 아니라 편지는 오자투성이였습니다."

조지 로나는 편지를 읽고 화가 머리끝까지 치밀었다.

"오자투성이라니 무슨 소리야! 이런 무식한 것들 같으니라구, 제 놈들의 편지도 오자 투성이면서!"

조지 로나는 이 촌놈들에게 공박하는 편지를 쓰려고 펜을 들었다. 그러나 잠깐 생각했다.

'어쩌면 이 사람 말이 맞을지도 몰라. 내가 아무리 스웨덴 말을 능숙하게 한다고 해도 모국어가 아니니까 미처 몰랐던 실수를 했을 수도 있어. 그렇다면 취직하기 위해 스웨덴 말을 더 배워야 할지도 모르겠군. 답장을 보내 온 사람은 오히려 내게 좋은 충고를 해주었는지 모르잖아. 말투가 좀 무례하지만 그의 호의에는 충분히 감사할 만해. 그러니 감사 편지라도 보내야 하지 않겠어?'

로나는 이미 쓴 편지를 찢어버리고 다음과 같은 편지를 다시 썼다.

'통신원이 필요치 않은데도 시간을 내어 편지 주셔서 감사합니다. 귀사에 편지를 드렸던 것은 귀사가 무역계를 이끄는 모범적인 선도 기업이기 때문입니다. 저의 편지에 문법상의 잘못이 있었던 것은 정말 부끄럽습니다. 앞으로 열심히 스웨덴어를 공부해 두 번 다시 그런 실수를 저

지르지 않겠습니다. 저의 앞길에 친절한 지도를 해주셔서 깊이 감사드립니다.'

며칠 후 조지 로나는 편지의 장본인에게서 회사를 방문해 달라는 편지를 받게 되었고, 그 자리에서 바로 취직을 하였다. 로나는 이 일을 계기로 '부드러운 답변은 노여움을 푼다'는 소중한 교훈을 배울 수 있었다.

우리는 적을 사랑할 정도의 성자는 아닐지 모른다. 그러나 적어도 자신의 건강과 행복을 위해 적을 용서하고 잊어버릴 수는 있다. 그것이 '현명함'이라는 것이다.

싫은 사람 생각에 단 1분도 허비하지 마라

공자는 "도둑을 맞거나 모욕을 당할 때 그 일을 잊어버린다면 그것은 아무렇지도 않게 된다"라고 말했다.

나는 언젠가 아이젠하워 장군의 아들 존에게 그의 부친이 지금까지 누구를 원망하는 모습을 본 적이 있느냐고 물어보았다. 그러자 그는, "천만에요. 저희 아버지는 자기가 싫어하는 사람에 대해서는 단 1분도 생각하지 않으셨답니다"라고 대답했다.

옛 속담에 '성낼 줄 모르는 사람은 바보고, 성내지 않는 사람은 현자'라고 했다.

뉴욕 시장을 지냈던 윌리엄 게이너의 좌우명이 바로 그랬다. 그는 좌익 신문에 원한을 사서 미치광이에게 저격을 당해 하마터면 목숨을 잃을 뻔했다. 하지만 그는 병원 침상에서 죽음과 싸우면서 이렇게 말했다.

"매일 밤 나는 세상의 온갖 일과 모든 사람을 용서한다."

이 말은 자칫 지나치게 이상주의적이고, 너무 부드럽고 나약한 태도처럼 들릴 수 있다. 만일 그렇다면 독일의 대 철학자 쇼펜하우어의 견해를 들어보자.

그는 인생이란 무익한 것이며 끝없이 괴로운 경험이라고 했다. 그가 길을 걷게 되면 마치 그의 온몸에서 우울이 발산되는 것 같았다. 그러한 절망의 밑바닥에서도 그는 "가능하면 누구한테도 원한을 품어서는 안 된다"고 역설했다.

나는 전에 윌슨, 하딩, 쿨리지, 후버, 루스벨트, 트루먼 등 여섯 대통령이 신임하던 대통령 고문 버나드 바루치에게 지금까지 정적의 비난에 시달린 적이 있었는지 물어보았다. 그랬더니 그는 이렇게 대답했다.

"아무도 나에게 무안을 주거나 골탕 먹일 수는 없습니다. 처음부터 그런 일을 하지 않으니까요."

그렇다. 애당초 그런 일을 만들지 않는다면, 남에게 무안을 당하거나 난처해질 까닭이 조금도 없다. 이런 말이 있다.

'몽둥이나 돌멩이가 내 뼈를 부러뜨릴 수는 있다. 그러나 말이 결코 나를 다치게 할 수 없다.'

옛날부터 인간은 자기의 적에 대해 아무런 악의도 품고 있지 않은 그리스도와 같은 사람들을 존경해 왔다.

나는 자주 캐나다의 재스퍼 국립공원을 찾아가 북미에서 가장 아름답다는 경치를 바라본다. 이 산은 1915년 10월 10일 독일 소총 부대 앞에서 성자처럼 죽어 간 영국의 간호원 에디스 카벨의 이름을 따 '마운트 카벨'이라고 명명되었다.

그런데 그녀는 대체 무슨 죄를 지었던 것일까? 그녀는 벨기에서 영국과 프랑스의 부상병들을 간호하고 식사를 제공하면서 그들이 네덜란드로 도망갈 수 있도록 도왔다.

10월 10일 아침, 브루셀의 군 형무소 감방에 영국 종군 목사가 들어와 그녀에게 죽음을 준비시킬 때 에디스 카벨은 이렇게 말했다.

"애국심만으로는 충분치 않다는 사실을 절실히 느끼고 있습니다. 저는 어떤 사람에게도 증오심을 품지 않으렵니다."

그로부터 4년 후 그녀의 유해는 영국으로 이송되어 웨스트민스터 사원에서 추도식이 거행됐다. 얼마 전 나는 영국에서 1년 정도 지낸 적이 있는데, 그때 국립 초상화 미술관을 마주보고 서 있는 그녀의 동상 앞 화강암에 새겨져 있는 불후의 명언을 읽었다.

"애국심만으로는 충분치 않다는 사실을 절실히 느끼고 있습니다. 저는 어떤 사람에게도 증오심을 품지 않으렵니다."

우리가 원수를 용서하고 그것을 잊기 위해서는 자기에 집중하기보다는 무한히 큰 뜻을 품고 거기에 몰두해야 한다. 그러면 모욕이나 적의는 아주 시시한 것이 되어 우리에게 아무런 힘을 미치지 못한다. 왜냐하면 대의大義 이외의 것에는 신경을 쓰지 않게 되기 때문이다.

에픽테토스는 19세기 경에 이런 말을 했다.

"결국 우리는 스스로 뿌린 씨앗을 거두어들일 수밖에 없는 존재이며, 운명이라는 것은 어떻게 해서든 우리의 악행에 보복한다. 결국 인간은 자신이 저지른 비행에 대해 보복을 받게 마련이다. 이 사실을 아는 사람은 누구에게도 화내지 않고, 남을 비난하지 않으며, 누구도 꾸짖지 않고, 누구도 탓하지 않으며, 누구도 미워하지 않게 될 것이다."

비난받을 때는 링컨처럼 하라

미국 역사상 링컨처럼 많은 욕을 먹으며 미움을 받으며 배반당한 사람도 없을 것이다. 그러나 헌든의 유명한 전기에서는 링컨에 대해 다음과 같이 말하고 있다.

"링컨은 좋고 나쁨에 따라 사람을 판단하지 않았다. 어떤 일을 꼭 해야 할 경우, 그것을 제대로 해낼 수 있는 사람이 있으면, 그가 자기에게 악의를 품고 괴롭혔을지라도 절친한 친구를 대하듯 바로 그를 기용했을 것이다.……나는 그가 자신의 정적이어서 혹은 그에게 반감을 가지고 있다고 해서 인사이동을 한 적은 한 번도 없었다고 확신한다."

링컨은 맥레런, 시워드, 스탠턴, 체이스 등 그가 임명했던 많은 사람들로부터 탄핵과 갖은 비난과 모욕을 당했다. 그러면서도 헌든의 전기에 따르면 링컨은 이렇게 말했다.

"이미 자신이 한 일에 대해서는 칭찬받을 일이 아니다. 그렇다고 다른 사람이 한 일에 대해서 비난할 것도 없다. 인간은 조건, 환경, 교육, 습관 등에 의해 형성된 유전의 소산에 불과하기 때문이다."

링컨의 이 말은 옳다. 만일 우리가 적과 동일한 육체와 정신 그리고 감정적인 특질을 가지고 있다면 우리도 그들과 똑같이 행동할 것이다. 아니, 그럴 수밖에 없을 것이다.

"오, 영광의 신이여! 내가 보름 동안 그의 가죽 샌들을 신어 보기까지는 그를 판단하거나 비판하지 않도록 나를 지켜 주소서."

이는 수우족 인디언들의 기도문이다. 이처럼 우리는 남에게 언제나 관대함을 가져야 한다.

그러므로 우리는 적을 미워하는 대신 우리가 그들이 아님을 하느님께 감사해야 한다. 원수에게 비난이나 원한을 품는 대신 이해와 동정, 원조와 관용 그리고 기도를 해야 한다.

나는 어려서부터 매일 밤 가족들과 함께 무릎을 꿇고 성경 구절을 읽고 기도하면서 '가정 예배'를 하는 집안에서 자랐다.

자식들이 장성하여 다 떠나버린 쓸쓸한 미주리의 농장을 홀로 지키며 사는 아버지는 돌아가실 때까지 그때의 그리스도 말씀을 되풀이했던 것이 기억난다.

"너희의 원수를 사랑하고, 너희를 미워하는 자들에게 은혜를 베풀며, 너희에게 악담하는 자들에게 복을 빌어 주고, 너희를 증오하는 이들을 위하여 기도하라."

아버지는 이러한 그리스도의 말씀을 몸소 실천하려고 부단히 애썼는데 그로 인해서 마음의 평화를 누릴 수 있었다.

인간에게 행복과 평화를 가져오는 정신적인 태도를 기르기 위해 필요한 두 번째 법칙은 다음과 같다.

오늘을 사는 지혜의 물음

1. 혹시 싫은 사람이 있는가?
2. 적에게 보복하려 들지 마라.
3. 적에게 보복하려는 순간 상대를 해치기보다는 도리어 자신이 해를 입게 될 것이다.
4. 싫어하는 사람에 대한 생각으로 단 1분도 허비하지 마라.

DALE CARNAGIE

03
대가를 바라지 마라

나는 오늘 말이 많은 사람, 이기적이고 자기중심적이며 은혜를 저버리는 사람을 만나게 되어 있다. 그러나 별로 당황스럽거나 불안하지 않다. 처음부터 이런 사람이 없는 세상은 상상할 수 없으니까.

감사 인사를 기대하지 마라

최근 나는 텍사스에서 배신감에 분개하고 있는 한 사업가를 만났다. 그를 만나면 불과 15분도 지나지 않아 반드시 그 이야기를 꺼낸다는 말을 주위 사람들에게 들은 적이 있는데 역시 그랬다. 벌써 11개월 전의 일이었는데도 아직도 화가 가시지 않았는지 여전히 그 이야기만 하고 있었다. 그가 크리스마스 때 35명의 직원에게 보너스로 평균 300달러씩을 주었는데도 누구 하나 고맙다는 인사가 없었다는 것이다. 그는 이렇게 분노하고 있었다.

"배은망덕한 것들, 한푼도 주지 말걸 그랬어!"

그의 분노는 대단했다. '노한 사람은 독이 가득하다'고 공자도 말했지만 그의 온몸에서 내뿜는 분노의 독이 느껴져 오히려 그가 가엾게 생각되었다.

그는 60세 정도 되어 보였는데, 생명보험회사의 통계에 따르면 사람들은 현재 연령과 80세와의 차이에서 3분의 2보다 조금 더 수명을 산다는 것이다. 그렇다면 이 사업가는 운이 좋아 좀더 오래 산다고 해도 14년 내지 15년 남짓 더 살 것이다. 그런데도 그는 이미 지나간 일을 붙잡고 분개하고 괴로워하면서 남은 수명의 근 1년을 낭비하고 있었다.

그는 원한과 자기연민에 빠지는 대신, 어째서 직원들이 보너스를 받고도 사장에게 감사의 말을 하지 않았는지 자신에게 자문해 봤어야 했다. 어쩌면 그는 직원들을 턱없이 낮은 급여로 혹사시켰을지도 모른다. 그래서 직원들은 크리스마스 보너스를 선물이라고 생각하지 않고 급여의 일부로 여겼을지도 모른다.

그렇지 않으면 평소 잔소리가 많은 사장에게 가까이 다가서기가 거북해서 고맙다는 인사를 하지 못했는지도 모른다. 아니면 어차피 세금으로 내야 할 돈을 생색내기 위해서 직원들에게 주었다고 생각했을지도 모른다. 그것도 아니면 직원들이 원래 이기적이고 무례할 수도 있다. 그 어느 쪽이 진실이었는지 아무도 알 수 없지만, 나는 새뮤얼 존슨 박사가 "감사하는 마음은 교양의 결실이며, 이것은 비천한 사람들에게서는 찾아볼 수 없다"고 말한 사실을 알고 있다.

내가 말하고자 하는 핵심은 바로 이것이다. 앞서 말한 이 사람은 감사를 바라는 사람들이 흔히 저지르는 과오를 범했다. 즉 그는 인간의 심리를 잘 몰랐던 것이다.

만약 우리가 어떤 생명을 구했다고 하자. 그러면 그에게서 감사받기를 기대할 것인가? 아마 그럴 것이다.

그런데 유명한 변호사였던 새뮤얼 라이보위츠는 78명의 피고를 전기의자에서 구해내면서 그중 몇 사람에게서 고맙다는 인사를 받고 몇 사람에게서 크리스마스 카드를 받았다고 생각하는가? 놀라지 마라. 단 한 사람도 없었다.

대가를 바라면 고민의 원인이 된다

그리스도는 어느 날 오후, 열 사람의 나병 환자를 고쳐 주었다. 그들 중 몇 사람이 그에게 고맙다는 인사를 했는지 아는가? 단 한 사람뿐이었다. 누가복음을 보면, 그리스도가 제자들에게 "다른 아홉 사람은 어디 있느냐?"고 물었을 때 그들은 모두 도망가고 없었다. 단 한마디 인사도 없이 가버렸던 것이다. 그렇다면 텍사스의 사업가든 누구든 우리가 행한 조그마한 친절에 대해 일찍이 예수가 받은 그 이상의 감사를 기대할 수 있을까?

그것이 금전적인 문제라면 더욱 기대하기 어렵다. 다음은 언젠가 찰스 슈왑에게서 들은 이야기다.

✚ 남을 도와주고도 욕먹은 찰스 슈왑

그는 언젠가 은행 돈으로 주식시장에 투기를 하다가 신세를 망칠 뻔

한 한 지배인을 구해 준 적이 있었다. 그는 자기 돈을 들여서까지 지배인의 형무소행을 막아 준 것이다. 물론 그 당시에는 그 지배인도 그에게 감사했지만 그 후에는 반감을 갖기 시작하더니 결국은 자신을 구해 준 은인에게 오히려 온갖 욕설을 퍼부으며 배은망덕한 짓을 했다.

만약 우리가 친척에게 1백만 달러를 주었다면 그로부터 감사 받기를 바랄 것인가? 강철 왕 앤드류 카네기는 바로 그렇게 했다. 그러나 만일 카네기가 무덤에서 이 세상으로 잠깐 되돌아올 수 있다면 그는 이 친척이 자기를 욕한 것을 알고 정나미가 뚝 떨어졌을 것이다.

그의 친척은 카네기가 자선사업에는 3억 달러씩이나 기부하면서 가까운 친척에게는 겨우 1백만 달러밖에 주지 않았다고 항변했던 것이다.

세상의 일이 이렇다. 인간성은 언제나 이럴 것이고, 우리가 살고 있는 동안에는 변하지 않을 것이다. 그러니 이러한 사실을 받아들일 수밖에 없지 않겠는가.

우리는 왜 로마제국을 통치한 위대한 현인 마르쿠스 아우렐리우스처럼 현실적일 수 없는 걸까? 그는 일기에 이렇게 썼다.

"나는 오늘 말이 많은 사람, 이기적이고 자기중심적이며 은혜를 저버리는 사람을 만나기로 되어 있다. 그러나 별로 당황하거나 불안하지 않다. 처음부터 이런 사람이 없는 세상은 상상할 수도 없으니까."

맞는 말이다. 만일 사람들의 배은망덕함을 비난한다면 그것은 대체 누구의 죄인가? 그것은 인간성의 문제인가? 아니면 인간성에 대한 무지 탓인가? 어쨌든 이유 불문하고 상대방으로부터 감사를 기대해서는 안 된다. 그러면 가끔 감사 인사를 받게 되었을 때 놀라운 기쁨이 생길 것이고, 설령 감사 인사를 받지 않는다 해도 별로 실망하지 않게 될 것이다.

여기에 첫 번째 포인트가 있다. 즉 사람이 감사하는 마음을 잊는 것은 지극히 자연스러운 일이다. 그러므로 굳이 상대방으로부터 감사 인사를 기대해서 마음을 괴롭히는 것은 스스로 괴로움을 끌어들이는 원인을 만드는 것이다.

오직 친절을 베푸는 데서 기쁨을 누려라

우리 부모님은 남을 돕는 것을 평생의 기쁨으로 삼으며 사셨다. 결코 살림이 넉넉하지 않았는데도 두 분은 해마다 아이오와 주 카운실 블러프스의 고아원에 돈을 기부했다. 아버지와 어머니는 한 번도 그 고아원에 가본 적이 없었다. 편지 외에는 아무에게도 감사 인사를 받은 적이 없었지만 두 분은 그 자체로 충분한 보답을 받았다. 아무런 보상도 기대하지 않고 오직 어린아이들을 돕고 있다는 기쁨이 보답이었던 것이다.

나는 집을 떠나온 후 매년 크리스마스에 부모님께 약간의 돈을 보내 드렸다. 그 돈으로 두 분이 즐겁게 지내시기를 바라는 마음에서였는데, 부모님은 결코 그렇게 하지 않으셨다. 크리스마스를 앞두고 집에 와보니 아버지께서는 그 돈으로 여러 자식을 키우며 어렵게 살아가는 과부 집에 음식과 땔감, 먹을거리를 사다 주었다고 말씀하셨다. 아무튼 두 분은 이런 일을 할 때 가장 기뻐하셨다. 아무런 대가를 바라지 않고 남에게 은혜를 베푼 기쁨에서 말이다.

나는 내 아버지가 아리스토텔레스가 말하는 이상적인 인간의 자격을 갖추었다고 생각한다. 행복할 자격이 있는, 가치 있는 인간인 것이다. 아리스토텔레스는 이렇게 말했다.

"이상적인 인간은 남에게 친절을 베푸는 데 기쁨을 느낀다. 그러나 남의 친절을 받는 것을 부끄러움으로 여긴다. 친절을 베푼다는 것은 우월함의 상징이며 그것을 받는 것은 열등함을 나타내기 때문이다."

이 장에서 주장하는 두 번째 포인트가 여기에 있다. 행복을 찾고자 한다면, 감사 인사를 받는 것과 상관없이 오로지 베푸는 마음, 그 자체에서 느끼는 기쁨을 위해 주어야 한다.

수천 년 전부터 부모들은 자식의 배은망덕에 끊임없이 분개해 왔다. 셰익스피어의 리어 왕마저도 "은혜를 모르는 자식을 두는 것은 독사에 물리는 것보다도 더 고통스럽다"고 말했다.

그러면 어째서 자식들은 부모에게 감사해야 하는가? 그것은 부모가 그렇게 시켜서일까? 은혜를 잊는 것은 논밭에 잡초가 생기는 것처럼 자연스러운 현상이다. 반면 감사하는 마음은 장미꽃과 같아 비료를 주고 물을 주며 잘 가꾸고 보호해야 한다.

설령 자식이 배은망덕했다고 치자. 그것은 과연 누구의 책임일까? 바로 우리의 책임이다. 우리가 남에게 감사하는 것을 가르치지 않았다면 자식들이 우리에게 감사하기를 기대하지 말아야 한다.

평소 잘 아는 시카고의 어떤 사람은 의붓자식의 망은에 불평할 만한 자격을 갖고 있었다.

✚ 감사는 가정교육에서 길러진다

그는 상자 제조공장에서 일하다가 두 아들을 둔 미망인을 만나 결혼했다. 주급 40달러로 생활하면서 의붓아들을 대학까지 보내느라 노예처럼 일하면서도 한마디 불평이나 내색도 하지 않았다.

그래서 그는 감사의 인사를 받았는가? 그렇지 않았다. 그의 아내와 의붓자식들은 그것을 당연한 일이라고 여겼다. 그들은 계부에게 감사는커녕 꿈에도 폐를 끼친다고 생각하지 않았다.

그렇다면 과연 누가 나쁜 것일까? 물론 의붓자식도 잘못이겠지만 그보다는 어머니 쪽이 훨씬 더 비난을 받아야 한다. 그녀는 두 아들이 '채무를 짊어지고' 인생을 출발하게 하고 싶지 않았던 것이다.

그래서 그녀는 자식들에게 "너희를 대학에 보내 주다니, 아버지는 정말 고마운 분이야"라고 말하지 않고 언제나 "그것쯤은 아무것도 아니다"라는 태도를 취했다.

어머니 입장에서는 자식들을 사랑해서 한 행동이지만 '세상은 그들의 생활을 보장할 의무가 있다'는 위험천만한 생각을 갖게 한 채 험난한 인생 항로에 내보냈던 것이다. 이것은 참으로 위험한 생각이었다.

자식들의 장래는 시대를 초월해서 가정교육에 달렸다는 사실을 명심하자. 예컨대, 미네아폴리스에 사는 알렉산더 이모는 자식의 배은망덕에 대해 한번도 불평해 본 적이 없는 분이셨다.

이모는 친정어머니와 시어머니를 함께 모시고 평생을 살았다. 지금도 이 두 할머니가 이모네 집 난롯가에 앉아 있던 다정한 모습이 눈에 선하다.

그렇다면 이 두 분이 이모에게 '무거운 짐과 같은 귀찮은 존재였을까?' 때로는 그랬을지도 모른다. 그렇지만 이모는 그런 내색을 조금도 보이지 않고 그분들을 공경했다. 그 덕분에 두 노모는 여생을 편히 지낼 수가 있었다. 게다가 이모에게는 5남매의 자식이 있었지만 자기가 훌륭한 일을 하고 있다는 생각을 조금도 하지 않았다. 그녀는 두 어른을 진심으로 공경했고 부모를 모신다는 것은 인간이라면 당연한 일이라고 생각했다.

진정한 감사는 깊은 사랑에서 나온다

그러면 지금 이모는 어떻게 지내고 있을까? 그분은 이미 미망이 된 지 20년이 넘었다. 다섯 자녀는 장성하여 저마다 독립하여 어머니를 서로 모시겠다고 행복한 실랑이를 벌이고 있다. 그들은 어머니를 진심으로 사랑한 나머지 서로 모시겠다는 것이다. 그렇다면 이것은 감사한 마음에서일까? 천만의 말씀이다. 그것은 깊은 사랑이며 순수한 애정인 것이다. 즉 이모의 자식들은 어려서부터 아름다운 온정과 인간애가 넘치는 화목한 분위기에서 자랐다. 그러므로 입장이 뒤바뀐 지금 그들은 그 깊은 사랑에 보답하고 있는 것이다.

감사할 줄 아는 자식을 기르자면 우리가 먼저 감사하는 마음을 깊이 가져야 한다는 것을 잊어서는 안 된다. 옛말에 '어린이는 귀가 밝다'고 했다. 따라서 말문을 열 때는 각별히 조심해야 한다. 즉 아이들 앞에서 남의 친절을 무시하는 말을 해서는 안 된다.

"사촌 수잔이 크리스마스 때 보내 준 이 손수건 좀 봐요. 손수 짠 거라 돈은 한 푼도 안 들었겠는걸."

결코 이런 말을 해서는 안 된다. 어른들은 별 의미 없이 하는 말이지만 어린이들은 귀를 쫑긋 세운다. 그러므로 이런 때에는 다음과 같이 말하는 것이 좋다.

"사촌 수잔은 이것을 만드느라고 무척 애를 썼겠는걸. 정말 고마운 일이야. 감사 편지를 써야겠어."

이렇게 말한다면 아이들은 은연중에 칭찬과 감사하는 습관을 가지게 될 것이다.

배은망덕에 대해 원망하는 마음을 배제하기 위한 세 번째 법칙은 다음과 같다.

> **오늘을 사는 지혜의 물음**
>
> 1. 상대방의 배은망덕에 대해 고민하는가? 차라리 미리 그것을 예상하라.
> 2. 행복을 찾는 유일한 방법은 감사를 바라지 않고 베푸는 기쁨을 맛보기 위해 주는 것이다.
> 3. 감사하는 마음은 어려서부터 길러지는 것이다. 그러므로 감사한 마음을 가지게 하려면 그것을 가르쳐야 한다.

DALE CARNAGIE

04
지금 자신이 가진 것에 감사하라

나는 신발이 없다고 타박했는데 거리에서 발이 없는 사람을 만났네.

도대체 무엇을 걱정하는가?

해롤드 애보트와 나는 오래전부터 아는 사이다. 그는 미주리 주 웨브 시에 사는데, 한동안 내 강연 사업의 매니저로 일했다. 그런데 어느 날 우연히 캔자스 시에서 그를 만났다. 그는 나를 미주리 주 벨튼에 있는 내 농장까지 바래다주었는데, 도중에 나는 그에게 고민을 어떻게 해결하고 있는지 물어보았다. 그러자 그는 다음과 같은 이야기를 들려주었다.

✚ 힘들 땐 더 어려운 사람을 보라

"나는 곧잘 고민에 빠지곤 했다네. 그런데 1934년 어느 봄날, 웨브 시를 지나다 한 광경을 목격한 순간 한꺼번에 모든 고민을 몰아낼 수 있었다네. 불과 10초 사이의 일이었지만 그 10초 동안에 나는 지금까지 10년간 배운 것 이상으로 앞으로 어떻게 살 것인지에 대해 깨닫게 되었지.

당시 나는 2년간 식료품 가게를 운영했는데 장사에 실패해 그동안 모아 두었던 돈을 전부 잃었을 뿐만 아니라 빚마저 지게 되었고, 그것을 갚는 데 7년이나 걸렸지. 점포는 전 주 토요일에 폐점해 버렸고, 나는 캔자스 시로 일자리를 구하러 갈 여비를 빌리려고 은행에 가는 길이었다네. 차마 말로 표현할 수 없는 표정으로 길을 걷고 있는데 맞은편에서 두 다리가 없는 사람이 다가오는 모습이 눈에 띄더군.

그는 롤러스케이트용 바퀴를 단 작은 나무판자 위에 앉아서 마치 썰매를 타듯이 연신 땅을 나무토막으로 찍어대며 내가 있는 쪽으로 다가오고 있었다네. 그의 모습을 똑바로 보게 되었을 때 그는 마침 거리를 횡단하여 보도 위로 올라오려고 몸을 약간 들어 올리더니, 판대를 비스듬히 잡아들더군. 그 순간 나와 눈이 마주쳤다네. 그는 싱긋이 웃으면서 쾌활한 목소리로 내게 인사를 하는 게 아닌가.

'안녕하세요, 날씨가 정말 좋죠!'

그 남자의 모습을 보고 내가 얼마나 행복한지를 깨달았다네. 그 남자는 두 다리가 없어도 저렇게 유쾌하고 행복한데 지금 나는 두 다리가 있고 은행에서 돈을 빌릴 수 있는 여유도 있지 않은가. 이렇게 생각하니 부끄럽기도 했지만 갑자기 용기가 솟구치더군.

나는 처음에는 은행에서 1백 달러를 빌리려고 했으나 2백 달러를 빌릴 용기가 생겼네. 당시 나는 일자리를 구해 캔자스 시로 간다고 분명하게 말했지. 그러자 은행에서 돈을 빌려 주었고 덕분에 취직도 하게 되었다네.

지금 나는 다음과 같은 문구를 욕실 거울에 붙여 두고 매일 면도할 때마다 그것을 읊조리고 있다네.

> 나는 신발이 없다고 타박했는데
> 거리에서 발이 없는 사람을 만났네."

가진 것에 충분히 감사하라

언젠가 에디 리켄베이커에게 나는 지난날 다른 조난자들과 함께 3주 동안이나 뗏목을 타고 태평양을 표류했을 때 배웠던 최대의 교훈이 무엇이었는지를 물어본 적이 있다. 그때 그는 다음과 같이 대답했다.

"그때 배운 가장 큰 교훈은 마시고 싶은 깨끗한 물과 먹고 싶은 음식만 충분하다면 더 이상 불평할 게 없다는 것이었습니다."

〈타임〉지에 과달카날에서 부상당한 어떤 한 상사의 이야기가 실린 적이 있다. 그는 포탄 파편에 목을 다쳐 일곱 번이나 수혈을 받았다고 한다. 그는 군의관에게 "과연 제가 살 수 있을까요?"라는 질문을 메모지에 써서 군의관에게 보여 줬다. 그랬더니 군의관은 "네"라고 대답했다. 군의관에게 "제가 말을 할 수 있을까요?"라고 적어 보였다. 이번에도 대답은 "네"였다. 그러자 그는 다음과 같이 종이에 썼다. "그럼 대체 무엇을 걱정하십니까?"

어째서 "대체 무엇을 걱정하고 있지?" 하고 반성하지 못하는가. 그러면 반드시 모든 일이 아무런 문제가 되지 않는다는 사실을 깨닫게 될 텐데 말이다.

인생에서 90퍼센트의 일은 옳고, 나머지 10퍼센트는 옳지 않다. 그러므로 우리가 행복하기를 바란다면 90퍼센트의 옳은 일에 마음을 집중하고, 10퍼센트의 옳지 않은 일은 무시하면 된다. 만약 걱정하고 위암에 걸리고 싶다면 10퍼센트의 옳지 않은 일에 집중하고, 90퍼센트의 소중한 것을 무시하면 된다.

영국 크롬웰 종파의 많은 교회에는 '생각하고 감사하라'는 현판이 걸려 있는데 이 말은 우리 마음속에도 새겨 둘 만하다.

《걸리버 여행기》의 저자 조너선 스위프트는 영문학사상 가장 과격한 염세주의자였다.

그는 이 세상에 태어난 것 자체를 비관하여 생일날 상복을 입고 단식을 했다. 이렇듯 항상 세상을 절망하면서도 그는 인간에게 건강을 제공하는 유쾌한 행복의 힘을 찬미했다. 그리고 그는 이렇게 말했다.

"세상에서 가장 훌륭한 의사는 식이요법 의사, 평온 의사, 명랑 의사다."

우리는 알리바바의 재산에 못지않게 우리가 가지고 있는 재물에 대해 언제나 주의를 기울임으로써 하루 종일 '명랑 의사'의 봉사를 공짜로 받을 수가 있다. 두 눈을 1천만 달러에 팔 수 있겠는가? 두 다리를 무엇과 바꿀 수 있겠는가? 양손은 어떤가? 귀는? 아이들은? 가족은? 전 재산을 집계해 보라. 그러면 록펠러, 포드, 모건 등의 재산 전부를 받는다 해도 가진 것을 팔 생각이 없다는 사실을 새삼 깨닫게 될 것이다.

그런데도 우리는 이러한 것들의 진가를 알지 못하고 있다. 쇼펜하우어는 이것을 다음과 같이 표현했다.

"우리는 이미 가지고 있는 것에 대해서는 좀처럼 생각하지 않고 언제나 없는 것만 생각한다."

과연 그렇다. 이것이야말로 지상 최대의 비극이다. 이것은 역사상 온갖 전쟁과 질병 이상으로 인간을 불행하게 만들었다고 할 수 있다.

✚ 몰락으로 치닫던 불평가 존 팔머 씨

이런 것들이 원인이 되어 존 팔머 씨는 '남들과 같은 어엿한 처지에서도 늙어빠진 불평가'가 되었으며, 하찮은 일로 가정까지 망칠 정도였다. 그는 이렇게 말했다.

"군대에서 제대하자마자 나는 혼자서 장사를 시작했지. 처음에는 만사가 순조로웠어. 그런데 뜻밖에 골치 아픈 일이 생겼지 뭐야. 팔 물건의 부속품과 재료를 입수할 수 없게 된 거야. 그래서 나는 폐업을 걱정하기 시작했고, 그러다가 지나치게 고민하는 바람에 젊은 나이에 늙어빠진 불평가가 되어 버렸어. 우울해졌고, 기분이 언짢아져서 통 마음을 잡을 수가 없었어. 자칫 잘못하면 가정의 행복까지도 망칠 판이었지. 그런데 어느 날, 내가 고용한 젊은 상이군인이 이런 말을 하더군.

'이보세요. 부끄럽지도 않으십니까? 당신은 온통 혼자만 고생한다고 생각하시는 모양인데, 잠시 가게 좀 닫았다고 어쨌다는 겁니까? 경기가 좋아지면 다시 장사를 시작할 수 있지 않습니까? 댁의 경우는 아직 운이 좋은 편이죠. 그런데도 항상 불만이라니, 참! 저는 당신이 부럽습니다. 저를 좀 보세요. 손은 하나밖에 없죠, 어를은 총상으로 반쪽이 되었습니다. 하지만 저는 불평하지 않습니다. 당신도 불평만 늘어놓다가는 장사도 망칠 테고, 건강도 가정도 친구도 전부 잃게 될 거요.'

이 한마디가 몰락으로 치닫던 내 삶을 멈추게 했고, 내가 그래도 얼마나 행복했던가를 알게 해주었다네. 나는 옛날의 나로 되돌아가기로 결심했고, 당장 실행했지."

내 친구 루실 블레이크는 한때 비극의 절정에서 몸부림쳤지만, 자기에게 없는 것에 대한 고민을 떨쳐버리고, 그 대신 가진 것에 만족함으로써 행복을 배웠다.

내가 루실을 알게 된 것은 벌써 오래전 일이다. 당시 우리는 콜롬비아대학교 문학부에서 단편소설 작법을 공부하고 있었다. 지금부터 9년 전, 애리조나에 살고 있던 그녀는 엄청난 충격을 받았는데, 그때의 일을 그녀는 이렇게 말했다.

"나는 당시 눈이 돌아갈 정도로 바쁜 일과를 보내고 있었다네. 대학에서는 오르간을 배우고, 마을에서는 스피치 강습회를 지도하며, 데저트 윌로우 목장에서는 음악 감상 강좌도 맡고 있었지. 게다가 파티, 댄스, 심지어는 야간 승마에까지 다녔어. 그러다가 어느 날 아침, 졸도하고 말았지. 문제는 심장이었어. 의사가 1년 동안은 절대 안정이 필요하다고 말하면서도 예전처럼 건강을 회복할 수 있다고는 말해 주지 않았어.

1년간의 병상 생활! 재기불능으로 죽을지도 몰라! 무서워서 몸이 떨리더군. 어쩌다가 이 꼴이 되었을까? 이런 벌을 받아야만 할 짓을 했던가? 나는 비탄에 잠겨 몸부림쳤고 반항적이 되었지. 그런데 이웃에 사는 화가 루돌프 씨가 내게 이런 말을 해주었지.

'1년씩이나 누워 지내는 것이 비극이라고 생각할지 모르지만, 결코 그렇지 않아요. 오히려 차분하게 사색할 시간이 생기게 되었으니 자아를 새롭게 인식할 수 있는 계기가 되지 않겠소? 앞으로 몇 달 안에 지금까지의 생활 이상으로 정신적인 성장을 얻게 될 것이오.'

이때부터 나는 마음을 가라앉히고 새로운 가치관을 기르기로 했어. 그래서 영성에 관한 서적들을 읽기 시작했지.

그러던 어느 날, 라디오 평론가가 '인간은 자기가 의식하고 있는 것만을 표현할 수 있다'고 말하는 것을 들었어. 지금까지도 이런 말을 가끔 들어오긴 했지만, 갑자기 내 가슴을 파고들더군. 나는 그 말을 실천하기보다는 그런 생각만이라도 가져야겠다고 결심했어.

그것은 결국 환희, 행복 그리고 건강을 추구하는 사상이었어. 매일 아침 눈을 뜨자마자 감사해야 할 모든 일을 생각하도록 힘썼지. 고통 없는 일을 비롯하여 귀여운 아가씨며 라디오에서 흘러나오는 아름다운 음악, 독서 시간, 맛있는 음식, 다정한 친구들을 생각했어. 워낙 쾌활하고, 게다가 문병객도 많아서 의사는 일정한 시간에 한 사람씩 차례로 병실에 오도록 조치했다네.

그때가 벌써 9년 전이지만 나는 지금도 활기차게 생활하고 있지. 지난 1년간의 병상 생활을 감사하게 여기며, 그것은 내가 애리조나에서 보낸 가장 귀중하고도 행복한 해였다네. 그 무렵 나는 매일 아침부터 행복을 헤아려보는 습관을 길렀고, 지금까지도 계속하고 있지. 내게 가장 소중한 보배이기 때문이지. 어쨌든 죽음에 직면하기까지 참다운 삶을 산다는 것이 무엇인지 몰랐던 내 자신을 생각하면 부끄러운 생각이 들어.”

친애하는 루실 블레이크여, 당신은 미처 몰랐는지 몰라도 벌써 2백 년 전에 새무얼 존슨 박사가 체득했던 교훈을 그대는 이제 와서 배운 것이다. 존슨 박사는 이렇게 말했다.

“온갖 사물에 대해 가장 좋은 면을 보는 습관은 1년에 1천 파운드 소득을 얻는 것보다 낫다.”

이런 말은 직업적인 낙천주의자의 입에서 나온 것이 아니다. 20년 동안이나 불안과 누더기 옷을 입고 굶주림에 시달렸던 당대의 가장 뛰어난 문학가이자 저명한 좌담가였던 새무얼 존슨의 말이다.

로건 피어설 스미스의 말은 짧으면서도 상징적이다.

“인생에는 목표로 삼을 것이 두 가지 있다. 첫째는 원하는 것을 소유하는 것이고, 둘째는 그것을 즐기는 것이다. 그런데 사람들 가운데 가장 현명한 사람들만이 두 번째 것마저 성취한다.”

원하는 것을 소유하고 가진 것은 즐겨라

주방에서 접시를 닦는 일일지라도 감격스럽게 할 수 있다는 사실을 알고 싶다면 보르힐드 다알의 《나는 보기를 원하노라》는 책을 읽어 보

라. 이 책은 50년간 거의 장님으로 지냈던 한 부인이 쓴 것으로, 그녀는 책 속에서 이렇게 말했다.

"나에게는 한쪽 눈밖에 없다. 그 한쪽 눈도 심하게 다쳐 왼쪽 눈 가장자리의 틈새로 겨우 사물을 볼 수 있었다. 책을 볼 때도 왼쪽 눈을 책에 바짝 대야 겨우 볼 수 있을 정도다."

그러나 그녀는 남의 동정을 받기를 거절하고 특별 취급받는 것을 매우 싫어했다. 어렸을 때도 비장애 아이들과 비석치기 놀이를 즐겼다. 하지만 표적이 잘 보이지 않았기 때문에 아이들이 놀다 돌아가고 나면 땅바닥에 엎드려 표적을 찾아다녔다. 이렇게 해서 얼마 후에는 자신이 놀았던 땅바닥 구석구석까지 모두 외울 수 있었다. 그래서 여기저기 뛰어다녀도 남한테 지지 않게 되었다. 집에서는 책 읽는 법을 배웠는데, 글자를 보기 위해 눈썹에 닿을 정도로 바짝 대어야만 내용을 이해할 수 있었다. 하지만 그녀의 끊임없는 노력 덕분에 미네소타대학교에서 문학사 학위를, 콜롬비아대학교에서는 문학 석사학위를 받았다.

졸업 후 그녀는 미네소타 주 트윈 벨리의 한 시골마을에서 교사로 발령받아 근무하다가 몇 년 후에는 대학교 신문학과 교수가 되었다. 그리고 그곳에서 13년 동안 강의를 했으며, 주부클럽에서는 강연을, 라디오에서는 자신의 저서와 삶에 대해 방송을 했다. 그녀는 한 인터뷰에서 이렇게 고백했다.

"언제나 내 마음속에는 아예 실명해 버리지나 않을까 하는 공포감이 잠재해 있었습니다. 그래서 이 공포심을 극복하기 위해서 쾌활하고 다소 경박한 듯한 과잉 행동을 했지요."

1943년, 그녀가 52세가 되던 해 마침내 기적이 일어났다. 유명한 마요 진료소에서 눈 수술을 받은 결과 40배나 눈이 밝아졌던 것이다.

새롭고 아름다운 세계가 그녀의 눈앞에 펼쳐졌다. 그녀에게는 부엌에서 접시를 닦는 일마저 절로 어깨춤이 춰질 정도로 즐거웠다.

비누 거품, 날아가는 참새 한 마리에도 매순간 기쁨에 넘쳐 있었던 그녀는 자신의 책 마지막 페이지를 다음과 같이 끝맺고 있다.

"사랑하는 하느님, 당신께 감사합니다. 작은 소리로 당신께 감사의 말을 속삭입니다."

접시를 닦을 수 있고, 거품 속의 무지개를 보며, 눈 속을 날아다니는 참새를 볼 수 있다는 사실에 감사한 것이다. 매사에 불평불만을 늘어놓는 우리 자신을 돌아보면 부끄러운 바가 없지 않다. 우리는 세상에 태어난 순간부터 이처럼 아름다운 세상에 살면서도 마음의 눈이 멀어 그것을 보지 못하고 즐기지 못하고 있다.

걱정에서 벗어나 새로운 생활을 시작하고 싶어 하는 사람들을 위한 네 번째의 법칙은 다음과 같다.

> **❓ 오늘을 사는 지혜의 물음**
>
> 1. 도대체 무엇을 걱정하는가?
> 2. 걱정하지 말고 축복받은 일에 감사하라.
> 3. 원하는 것을 소유하고 가진 것은 즐겨라.

05 자기 자신이 되어라

우리 모두는 셰익스피어와 같은 분량의 책을 쓸 수 없을지라도 우리 자신에 관한 책 한 권쯤은 쓸 수 있다.

스스로를 세상에서 가장 귀하게 여겨라

나는 노스캐롤라이나 주 마운트 에어리의 에디스 얼레드 부인에게 자서전 형식의 편지 한 통을 받았다. 내용은 다음과 같다.

✚ 남과 비교하며 평생을 우울증에 시달렸던 부인

"어렸을 때 저는 몹시 신경질적이고 수줍음을 많이 타는 아이였습니다. 또 몸집이 크고 얼굴에 살이 많아 굉장히 뚱뚱해 보였습니다.

어머니는 옛날 사고방식을 가지고 계신 분이어서 옷에 신경 쓰는 것은 어리석은 일이라고 생각하고는 언제나 "큰 옷은 계속 입을 수 있지만 작은 옷은 크면 못 입는다"고 말씀하시면서 제 체구보다 더 큰 옷을 입혔죠. 그래서인지 저는 파티에 한 번도 초대된 적이 없었으며, 친구들과 즐겁게 놀아보지도 못했습니다. 또한 학교에서도 여러 아이들과 어울려 놀거나 친구 집을 방문해 본 적도 없었습니다. 그러다 보니 저는 갈수록 병적일 정도로 말수가 줄어들었고, 스스로 남들과 다른 존재이며, 언제나 따돌림 당한다고 생각하기에 이르렀습니다.

성년이 되어 일곱 살 연상인 남자와 결혼했지만, 제 성격은 조금도 변하지 않았습니다. 시댁 식구들은 밝은 성격에 자부심이 강한 사람들로 제가 이상적으로 생각하는 분들이었습니다. 저는 그들처럼 되어 보려고 최선을 다했지만 아무 소용이 없었습니다. 그들이 저와 가까이 하려고 하면 할수록 주눅이 들어 제 껍질 속에 더 갇히곤 했죠.

저는 신경과민이 되어 걸핏하면 화를 냈고 친구를 만나는 것마저 피했습니다. 갈수록 증상이 심해지자 현관에서 벨 소리만 나도 겁이 나 두려움에 떨었습니다. 분명 저는 열등감에 빠져 있었습니다. 이 사실을 남편이 알까 봐 두려워 남들 앞에서는 억지로 쾌활한 척했지만 오히려 그러한 행동이 제 자신을 비참하게 만들었습니다. 저는 고민 때문에 사는 것이 싫어 자살할 결심을 하기도 했습니다."

그런데 무엇이 이 불행한 여인의 생활을 바꿔 놓았을까? 그것은 우연한 기회에 들은 말 한 마디였다고 한다.

"우연한 말 한마디가 제 인생을 완전히 바꾸어 놓았습니다. 어느 날 시어머니께서 제게 자식을 어떻게 키워 왔는지를 들려주셨습니다. 시어머니는 '어떤 경우에도 아이들에게 자기 자신이 되어야 한다'는 말을 강조해 왔다고 하셨습니다. 시어머니의 말씀을 듣는 순간 저는 정신이 번쩍 들었습니다. 저는 그동안 제가 순응할 수 없는 테두리 속에 제 자신을 집어넣으려고 함으로써 스스로를 불행하게 만들어 왔다는 사실을 알게 되었습니다.

저는 그날 밤부터 변하기 시작했으며, 온전히 제 자신이 되고자 노력했습니다. 제 성격을 연구하여 스스로를 알고자 했고, 제가 가지고 있는 장점에 대해서도 생각해 보았습니다. 뿐만 아니라 최근 유행하는 색체와 스타일을 연구하여 제게 잘 어울리는 옷을 찾아 입고, 친구도 사귀기 위해 여러 모임에 나갔습니다. 어느 날 작은 모임에 가입했는데 제 이름이 프로그램의 발표자 명단에 오른 사실 보고 심장이 멎는 줄 알았습니다. 하지만 여러 차례 사람들 앞에서 말하게 되면서 자신감을 회복하게 되었습니다.

물론 이렇게 되기까지는 오랜 시간이 걸렸지만 전에는 상상도 할 수 없을 정도로 행복합니다. 저는 자식들에게 그동안의 쓰라린 경험을 통해 배운 '어떤 경우일지라도 항상 자기 자신이 되어라'는 말을 가르치고 있습니다."

세상은 가짜와 모조품을 원하지 않는다

제임스 고던 길키 박사는 "인간이 자기 자신이 되고자 하는 문제는 역사만큼 오래되었고, 생명처럼 보편적이다"라고 말했다. 자기 자신이 되기를 거부하는 것은 갖가지 신경증, 정신 이상, 강박관념의 잠재적인 원인이 되고 있다.

앤젤로 패트리는 아동교육에 관한 많은 저서와 논문을 발표했는데, "자기 마음과 육체를 팽개쳐 놓고 어떤 다른 인간이 되고자 하는 사람만큼 비참한 것은 없다"고 말했다.

이처럼 자기 자신이 아닌 다른 사람이 되려는 욕망은 특히 헐리우드에서 유행하고 있다. 유명한 영화감독 샘 우드는 야심만만한 배우들에게 자기 자신이 되라고 설득하는 일이 가장 어려운 일이라고 했다. 그들은 저마다 라나 터너의 아류, 클라크 케이블의 모방자가 되고자 한다. 하지만 샘 우드는 "세상은 이미 그런 운치와 낭만을 맛보았기 때문에 색다른 것을 바라고 있다"고 말하고 있다.

샘 우드는 〈굿바이 미스터 칩스〉, 〈누구를 위하여 종은 울리나〉 등의 영화를 연출하기 전에 오랫동안 부동산 매매업에서 일했기 때문에 효과적인 세일즈 기법을 알고 있었다.

샘 우드에게는 재계든 영화계든 관계없이 사업의 요령은 한 가지였다. 그는 원숭이처럼 남을 흉내내는 것은 쓸모가 없다고 확신했다. 그는 "내 경험에 비추어보면 자기가 아닌 다른 것을 흉내내려고 하는 자들은 되도록 빨리 해고하는 편이 안전하다"고 말했다.

최근에 나는 《일자리를 얻는 6가지 요령》의 저자이며 석유회사 인사 담당 이사인 폴 보인튼에게 취업 지망생들이 범하는 가장 큰 실수가 무엇이냐고 물어본 적이 있다. 그는 이렇게 대답했다.

"구직자가 범하는 최대의 실수는 자기 자신을 부정하려는 태도에서 비롯됩니다. 침착하고 솔직해야 할 구직자가 면접자의 비위를 맞추려고 하는 것은 어리석은 짓입니다. 가짜와 모조품을 원하는 사람은 이 세상에 단 한 명도 없습니다."

자신이 아닌 것처럼 행동하는 것은 취직하는 데 전혀 도움이 되지 않는다. 누구도 위선자는 원하지 않으며, 위조지폐를 탐내는 사람은 없기 때문이다. 이제 좋은 사례를 들어보기로 하겠다.

✚ 약점을 강점으로 바꾼 미국 최고의 가수, 캐스 달리

내가 아는 그녀는 전차 차장의 딸로 가수 지망생이었는데 불행하게도 얼굴이 따라주지 않았다. 입이 지나치게 크고 튀어나온데다가 덧니까지 있었다.

뉴저지의 한 나이트클럽에서 처음으로 사람들 앞에서 노래를 불렀을 때 그녀는 윗입술로 덧니를 감추려고 부단히도 애썼다. 그녀는 이빨을 감추고 매혹적인 제스처를 취하려고 했으나 그러한 행동이 오히려 우스꽝스러워 보였다. 이대로 가다가는 가수의 꿈이 물거품이 될 것이 뻔했다.

그러던 어느 날, 나이트클럽에서 그녀의 노래를 듣고 있던 한 신사가 그녀의 재능을 알아보았다. 그리고 퉁명스럽게 말했다.

"당신의 행동을 쭉 지켜보았는데 당신이 감추려고 한 것이 무엇인지 알았소. 덧니가 마음에 걸리지요?"

그녀는 당황했으나 상대방은 계속해서 말했다.

"그런데 그것이 어쨌다는 거요? 덧니가 당신에게 흉이 될 수는 없소. 조금도 감출 것이 없어요. 그냥 입을 크게 벌려 힘차게 노래를 불러 봐요. 청중들은 분명히 당신이 자신감에 차서 부르는 모습에 찬사를 보낼 거요. 지금 당신이 감추려는 것이 훗날 행운이 될지도 모르잖소."

그녀는 신사의 충고에 따라 입을 한껏 벌리고 노래하며 오직 청중에게만 집중했다. 이 사연의 주인공은 바로 캐스 달리다. 그녀는 자신의 단점을 한껏 드러내며 자신있게 노래를 불렀고, 그 결과 영화와 라디오의 대스타가 되었으며, 그녀를 흉내내는 희극배우까지 생겨났다.

윌리엄 제임스가, 보통 사람이 자신의 잠재력을 10퍼센트밖에 발휘하지 못한다고 말한 것은 자아를 발견하지 못한 사람들 두고 한 말이다. 그는 이렇게 말하고 있다.

"우리 안에 있는 가능성에 비하면 우리는 절반만 깨어 있다. 우리는 육체적으로나 정신적으로 아주 작은 부분밖에 활용하지 못하고 있는 것이다. 즉 인간은 그들의 한계에서 멀리 떨어져 생활하고 있다고 할 수 있다. 인간의 내면에는 모든 것을 가능하게 하는 무한한 힘을 가지고 있지만 대체로 그것을 사용하지 못하고 있다."

우리는 무한한 능력을 가지고 있다. 그러므로 자신이 남들과 다르다는 고민으로 단 1초라도 헛되이 보내서는 안 된다. 당신은 이 세상의 유일한 존재다. 창세기 이래 똑같은 사람은 없었으며, 앞으로도 영원히 동일한 사람은 나타나지 않을 것이다.

자기 자신이 되어야 한다는 문제에 관해서는 나는 확신을 가지고 말할 수 있다. 이 부분에 대해 깊은 관심을 가지고 있는 것은 물론, 한때 쓰디쓴 경험을 맛보았기 때문이다.

절대 우리는 다른 사람이 될 수 없다

나는 젊은 시절 배우 지망생이었다. 고향 미주리 주의 콘스필드에서 처음 뉴욕으로 상경해서 아메리카 오브 드라마틱 아카데미에 입학했다. 이 방법이 배우로서 성공하는 가장 빠르고 확실한 방법이라 생각했기 때문이다. 당시 나는 배우의 꿈을 가진 청년들이 왜 이 쉬운 방법을 선택하지 않은지 의아해할 정도였다.

내 계획은 우선 당대 명배우인 존 드류, 월터 햄튼, 오티스 스키너 등의 예술 세계를 습득하고 연구하는 것이었다. 그들의 장점만을 따서 만능 예능인이 되려고 결심했다. 지금 생각하면 정말 어리석기 짝이 없는 짓이었다. 미주리 주 태생으로 머리가 나빴던 나는 '절대로 다른 사람이 될 수 없다'는 사실을 깨닫기 전까지 남을 모방하는 데 엄청난 세월을 낭비했다.

이때의 쓰라린 경험이 큰 교훈을 주었다고 생각했지만 우둔한 탓에 나는 같은 실수를 두 번이나 저질렀다.

나는 사업가들을 위한 대중 연설에 관한 책을, 시대를 초월해서 읽히는 책으로 만들기 위한 작업에 착수했다. 그런데 이 책을 집필하면서 예술가들의 연기를 연구하면서 범했던 어리석음을 되풀이했다. 여러 저서에서 좋은 아이디어만 뽑아 모든 것을 총망라한 한 권의 결정판으로 만들려고 했던 것이다. 수십 권의 대중 서적들을 정리하는 시간만 해도 1년 이상이 소요되었다. 그렇게 남의 아이디어를 모아다가 마구잡이로 섞어서 만든 책이 끝내 팔리지 않자 고스란히 휴지통에 쓸어 넣어야 했다. 그때 나는 스스로에게 이렇게 말했다.

"너는 데일 카네기가 되어라. 약점이나 한계를 염려할 필요는 없다. 너는 어차피 너 이외의 존재가 될 수 없으니까."

그리고 다시 새로운 각오로 나 자신의 경험, 관찰, 강연자와 연설법의 교사로서의 확신을 기초로 대중 연설에 관한 책을 새롭게 집필했다.

나는 시인이자 옥스퍼드대학교를 갓 졸업한 유명 영문학 교수 월터 랠리 경이 배웠던 것과 똑같은 교훈을 마음속에 깊이 새겨 두고 있다.

"셰익스피어와 같은 분량의 책을 쓸 수 없을지라도 나 자신에 관한 책 한 권쯤은 쓸 수 있다."

'자기 자신이 되어라.' 이 충고를 잊지 않고 실천한 사람들이 결국은 성공한 자가 되어 역사에 남았던 것이다.

여러분도 〈화이트 크리스마스〉의 작곡가이자 가수이기도 한 어빙 벌린이 조지 거쉰에게 준 교훈에 따라 행동해 보라.

인생의 오케스트라에서 자신만의 악기를 연주하라

거쉰이 벌린을 처음 만났을 때 그는 이미 유명했다. 그에 비해 거쉰은 베를린 촌동네에서 주급 35달러의 박봉으로 근근이 생계를 꾸려가던 젊은 작곡가였다. 어느 날 벌린은 거쉰의 재능을 발견하고 그에게 지금 받고 있는 급여의 3배를 줄 테니 자신의 음악 비서가 되어 달라고 제안했다. 그러면서 벌린은 다음과 같은 충고를 했다.

"그렇지만 이 제안을 받아들이지 않는 게 좋을 거야. 자네가 내 일을 돕게 되면 벌린의 이류가 될 우려가 있네. 그러나 자기 자신을 끝까지 잘 지켜나간다면 언젠가는 일류의 거쉰이 될걸세."

물론 거쉰은 그 충고를 잊지 않고 차근차근하게 스스로를 당대 가장 특색 있는 작곡가로 성장시켜 나갔다.

찰리 채플린, 윌 로저스, 메리 마거릿 맥브라이드, 진 오트리, 그 밖의 수많은 사람들은 내가 이 장에서 강조하고 있는 교훈을 배워야만 했다. 그들도 내가 맛본 쓰라린 경험을 통해 지금의 모습이 된 것이다.

찰리 채플린이 처음으로 영화를 시작했을 때 있었던 일이다. 감독은 그에게 당시 독일의 인기 있는 희극배우를 흉내를 내라고 요구했지만 채플린은 자신만의 독특한 연기를 함으로써 비로소 세상 사람들의 인정을 받게 되었다.

밥 호프도 같은 경험을 했다. 처음에는 노래와 춤 연기를 했으나 그것은 헛수고로 끝나고, 만담으로 자신의 재능을 발휘하면서 인기를 얻었다.

윌 로저스는 여러 해 동안 보드빌에 나와 앉아서는 말 한마디 없이 줄만 꼬고 있었다. 그런데 이 일을 하면서 유머에 대한 특별한 재능을 발견하게 되었다. 그는 줄을 요리조리 비비며 말하기 시작했고, 인기를 얻게 되었다.

메리 마거릿 맥브라이드는 처음 방송에 나왔을 때 아일랜드 희극 배우를 따라하려다 실패했다. 그러나 그녀가 미주리 태생의 촌뜨기 여자, 즉 있는 그대로의 모습을 보여 주었을 때 뉴욕에서 가장 인기 있는 라디오 스타가 될 수 있었다.

진 오트리가 텍사스 사투리를 감추고 도시 출신처럼 뽐내면서 '뉴욕 태생'이라고 허튼 소리를 했을 때 세상 사람들의 냉대를 견뎌야 했지만 그가 밴조를 가슴에 끌어안고 카우보이의 노래를 부르자 인기는 급상승하여 영화와 라디오에서 최고의 카우보이 가수가 되었다.

나는 이 세상에서 유일한 존재다. 그것을 기뻐하라. 자연이 내게 준 선물을 최대한으로 활용하라. 내 연구의 최종 결론에 따르면 모든 예술은 자서전이다. 나는 나만의 것을 노래할 수 있고 그릴 수 있다. 나는 나만의 경험, 환경, 유전에 의해 만들어진다. 좋든 싫든 내 작은 정원을 가꾸어야 한다. 원하든 원치 않든 인생이라는 오케스트라에서 나만의 악기를 연주해야 한다.

에머슨은 《자기 신뢰》라는 수필에서 이렇게 말했다.

"모든 사람의 교육은 다음과 같은 확신에 도달하게 한다. 질투는 무지이며, 모방은 자살이다. 그러므로 좋든 싫든 자기 자신을 주어진 운명으로 받아들인다면, 좋은 것이 충만해 있는 광대한 우주에서도 자신의 곡식은 자기에게 주어진 좁은 땅에서 스스로 노력해서 얻은 것밖에 없다는 사실을 알게 될 것이다. 자신의 육체 안에 잠재된 힘은 오로지 자신만이 가지고 있는 유일한 것이다. 하지만 그것을 알 수 있는 사람 또

한 자신뿐이다. 그마저도 그것이 드러나기 전까지는 알 수 없다."

시인 더글러스 말록은 이렇게 노래했다.

그대 만일 저 언덕 위의 소나무가 되지 못한다면
골짜기의 잡목이 되어라.
그러나 개울가에 가장 아름다운 나무가 되어라.
만일 나무가 아니거든 덩굴이 되어라.
그대 만일 덩굴이 아니라면 작은 풀이 되어라.
그리하여 길가를 아름답게 하라.

그대 만일 사향이 되지 못하면 갈대가 되어라.
그러나 호수에서 가장 멋진 갈대가 되어라!

우리는 모두 선장이 될 수는 없으니 그중 누구는 선원도 되리라.
그러나 모두에게 할 일은 있다.
큰일도 있고 작은 일도 있다.
모름지기 해야 할 일은 거의 같다.

그대 만일 큰 길이 되지 못한다면 호젓한 오솔길이 되어라.
그대 만일 태양이 될 수 없다면 저 별이 되어라.
실패와 성공은 크기에 달린 것이 아니니
무엇이든 가장 좋은 것이 되어라.

우리를 걱정에서 해방시켜 평화와 자유를 누리기 위한 정신력을 기르게 하는 다섯 번째 법칙은 다음과 같다.

 오늘을 사는 지혜의 물음

1. 남과 비교하며 괴로워하고 있는가?
2. 남을 흉내 내지 마라.
3. 자기 자신을 발견하고 진정한 자기 자신이 되어라.

DALE CARNAGIE

06
레몬이 있으면
레몬주스를 만들어라

두 사나이가 감옥에서 작은 창문 너머로 밖을 바라보고 있다. 한 사람은 진흙탕을, 다른 한 사람은 별을 보았다.

가장 좋은 일은 가장 힘들게 찾아온다

이 책을 쓰던 어느 날, 나는 시카고대학교 총장 로버트 메니너드 히친스에게 고민을 해결하는 비법이 무엇이냐고 물었다. 그러자 그는 이렇게 대답했다.

"나는 시어스 로벅의 사장이었던 줄리어스 로젠월드가 말한 '레몬이 있으면 레몬주스를 만들어라'고 한 것을 매순간 기억하고 있다네."

이 문장은 바로 위대한 교육자가 실천하고 있는 좌우명이다. 그런데 어리석은 자들은 반대로 행동한다. 예를 들면 인생이 그에게 레몬을 주면 내동댕이치면서 "나는 실패했어. 이건 운명인가 봐. 이제 기회는 없을 거야"라며 자포자기한다. 그러고는 세상을 원망하며 자기 연민에 빠져들고 만다. 그러나 현명한 사람은 레몬을 받게 되면 이렇게 자문한다.

'이 불행에서 어떤 교훈을 얻을 것인가? 어떻게 하면 이런 상황을 개선할 수 있을까? 또 어떻게 하면 이 레몬을 레몬주스로 만들 수 있을까?'

한평생을 인간의 그 잠재력에 대해 연구해 온 위대한 심리학자 알프레드 아들러는 "인간에게 가장 놀라운 특성 중 하나는 마이너스를 플러스로 바꾸는 힘을 가지고 있다"는 것이다.

이것은 평소 잘 알고 지내는 뉴욕의 한 부인의 경험담이다.

✚ 생각을 변화시켜 삶을 바꾼 여자

"전쟁 중에 남편은 캘리포니아의 모제이브 사막 근처의 육군 훈련소에 배속되어 있었습니다. 저는 남편과 가까이 있고 싶어 그곳으로 이사를 했지만 열악한 환경 때문에 사정은 아주 형편없었습니다. 남편이 모제이브 사막으로 군사훈련을 나가면 저는 오두막집에 혼자 남게 되었죠. 선인장 그늘 아래 있어도 50도가 넘는 살인적인 무더위에다 이야기 상대라고는 멕시코인과 인디언뿐이었습니다. 그마저도 영어로는 의사소통이 되지 않았습니다. 여기에다 끊임없이 세찬 바람이 불어와 음식물은 물론이고 숨을 쉬는 공기에도 모래먼지로 가득 차 있었습니다.

저는 초라하고 비참한 생활로 절로 신세 한탄이 나오고 슬픈 생각이 들어 친정 부모님께 편지를 썼습니다. 여기서는 이제 하루도 더 이상 살 수 없으니 당장 집으로 돌아가겠으며, 이런 곳에서 사느니 차라리 감옥에 가는 편이 낫겠다고 호소했습니다. 이에 대한 아버지의 회답은 단 두 줄이었습니다. 하지만 나는 그 두 줄을 결코 잊을 수가 없었습니다. 그것이 제 삶을 완전히 바꾸어 놓았기 때문입니다.

'두 사나이가 감옥에서 작은 창문 너머로 밖을 바라보고 있다.

한 사람은 진흙탕을, 다른 한 사람은 별을 보았다.'

이 문구를 몇 번이고 되풀이해 읽고는 저는 제 자신이 너무 부끄러워졌습니다. 그때부터 저는 현재의 환경에서 언제나 긍정적인 측면을 찾아내려고 노력하고 있습니다. 별을 찾으려고 했던 것이죠.

저는 인디언들과 친구가 되었는데 그들의 반응은 저를 깜짝 놀라게 했습니다. 제가 그들의 편물이나 요리에 흥미를 보이자 여행자에게는 팔지 않는 소중한 물건들을 제게 선물하더군요. 저는 선인장과 난초, 여호수아 나무 등의 기묘한 모양에 대해 연구했습니다. 그리고 사막의 초생식물들을 연구하거나 낙조를 감상하며 몇 백만 년 전 까마득한 옛날, 사막이 바다의 밑바닥이었을 무렵 존재했을 법한 조개껍질들을 찾아보기도 했습니다.

도대체 무엇이 저를 그렇게 변화하게 했을까요? 모제이브 사막은 변함이 없었고, 인디언도 마찬가지였는데 말입니다. 그것은 제 마음가짐이 완전히 변해 있었기 때문입니다. 저는 비참한 경험을 제 생애 가장 즐거운 모험으로 바꾸었습니다. 새롭게 발견한 세계에 자극받아 흥분했습니다. 너무나 감격한 나머지 그것을 소재로 《빛나는 성벽》이라는 소설도 썼습니다.……자신이 만든 감옥 창문을 통해 별을 찾아냈던 거죠."

델마 톰슨, 분명 그녀는 그리스도 탄생 5백 년 전에 그리스인들이 가르쳤던 '가장 좋은 일은 가장 힘들게 찾아온다'는 오랜 진리를 발견한 것이다.

해리 애머슨 포스딕은 20세기에 와서 그것을 다시 주장하고 있다.

"행복은 대개의 경우 쾌락이 아니라 승리다."

확실히 그렇다. 행복은, 레몬을 레몬주스로 바꿀 수 있는 데서 오는 진정한 승리의 기쁨인 것이다.

발상의 전환으로 기회를 잡다

나는 언젠가 독이 있는 레몬을 맛 좋은 레몬주스로 바꾼 플로리다의 행복한 농부를 찾아간 적이 있다.

그가 처음 이 농장을 샀을 때는 좀처럼 일할 용기가 나지 않았다고 했다. 토질이 너무나 척박해서 과수를 재배하거나 가축을 기를 수 없을 정도였다. 이 땅에서 번성하는 것이라곤 줄참 나무와 방울뱀뿐이었다.

그런데 그는 기발한 생각을 해냈다. 그것은 쓸모없는 것들을 돈으로 바꾸는, 즉 방울뱀을 이용한 사업 아이템을 구상한 것이다. 기상천외한 방법이라고 할 수밖에 없는 이 아이디어는 방울뱀 고기를 통조림으로 만드는 것이었다.

몇 해 전 그곳을 다시 찾아갔을 때, 그 방울뱀 농장을 구경하러 오는 여행자가 1년에 20만 명이나 된다고 했다. 그의 사업은 성공을 거두고 있었다. 독사에게서 채취한 독은 항독용 독소로 각지의 연구소로 보내

졌으며, 가죽은 구두나 핸드백의 재료로 비싼 가격에 팔 수 있었다. 뱀 고기 통조림도 전 세계에 있는 식도락가의 입맛을 돋우었다.

당시 나는 이곳의 그림엽서를 사서 마을 우체국에 부치러 간 적이 있는데 여기 사람들은 독이 있는 레몬을 맛좋은 레몬주스로 바꾼 농부를 기념하기 위해 이 마을을 플로리다 주의 '방울뱀 마을'로 고쳐 부르고 있었다.

나는 미국의 이곳저곳을 여행하면서 '마이너스를 플러스로 바꾸는 힘'을 발휘한 많은 사람들을 만났다.

《신들을 배반한 12인》의 저자 윌리엄 보리소는 이런 말을 했다.

"인생에서 가장 중요한 것은 이익을 자본화하지 않는 것이다. 그것은 바보가 하는 짓이다. 진실로 중요한 것은 손실에서 이익을 내는 것이다. 그렇게 하려면 지혜가 있어야 한다. 이것이 바로 분별 있는 사람과 어리석은 자의 차이를 만든다."

보리소가 이런 말을 한 것은 그가 철도 사고로 한쪽 다리를 잃은 직후의 일이다. 하지만 나는 양쪽 다리를 모두 잃고서도 마이너스를 플러스로 바꾸었던 사람을 알고 있다.

벤 포트슨을 만난 것은 조지아 주 애틀랜타에 있는 어느 호텔 엘리베이터 안이었다. 내가 엘리베이터를 탔을 때, 한쪽 구석에 두 다리가 없는 사나이가 휠체어에 앉아서 싱글벙글 웃고 있었다.

엘리베이터가 멈추자 그는 부딪치면 안 되니까 내게 좀 비켜 달라고 부탁했다. "이거 참 미안합니다"라고 말한 다음 쾌활하게 미소를 지며 휠체어를 움직여 갔다.

방으로 돌아와서도 그 쾌활한 장애인이 머릿속에서 사라지지 않아 결국 그가 머물고 있는 방으로 찾아가 이야기를 들었다. 그는 빙그레 웃으면서 자신의 이야기를 들려주기 시작했다. 다음은 그가 들려준 이야기를 요약한 것이다.

✚ 장애를 딛고 국무담당관이 된 벤 포트슨

"그러니까 1929년의 일이었습니다. 콩밭에 말뚝을 박아 울타리를 치려고 호두나무를 베러 산으로 갔습니다. 잘라낸 나무를 자동차에 싣고 돌아오는 도중 갑자기 나무통 하나가 차에서 굴러 떨어지는 바람에 급하게 핸들을 돌렸는데 핸들이 말을 듣지 않지 뭡니까. 자동차는 제방 아래로 굴러 떨어졌고, 저는 척추와 다리를 다쳐 끝내 못쓰게 되었죠. 그때 제 나이가 스물네 살이었는데, 그 후로 한 발자국도 걸을 수 없었습니다."

스물네 살, 한창 나이에 일생을 휠체어에서 보내야 하다니! 그럼에도 불구하고 어떻게 이렇게 쾌활하게 지낼 수 있었는지 물어보았다.

그러자 그는 "아니, 천만에 말씀"이라고 말하며 고개를 저었다. 한때 그도 분노로 가득차 있었고 운명을 저주했다는 것이다. 그러나 시간이 지나면서 그런 반항은 오히려 자신을 괴롭힐 뿐이라는 것을 알게 되었다.

"주위 사람들이 저를 배려해 준다는 사실을 알게 되면서 저 또한 그들에게 친절을 베풀고자 노력했습니다."

또 오랜 세월이 지난 지금에 와서, 그때의 사고를 끔찍한 불행이었다고 생각하지 않느냐는 질문에 그는 이렇게 대답했다.

"아니요, 이제는 즐겁게 보내고 있습니다."

사고의 충격에 의한 절망감에서 벗어나면서 그는 누구도 맛보지 못한 새로운 생활을 시작했다.

먼저 그는 문학에 흠뻑 빠져 14년 동안 1천4백 권의 책을 독파했다. 그 책들을 통해 세상을 보는 안목을 넓혔으며, 전에는 꿈꿔 보지도 못했을 만큼의 풍요로운 생활을 영위했다. 그는 음악에도 취미를 붙였다. 전에는 지루하게 느껴졌던 교향악에 심취하게 되었다.

그러나 무엇보다도 큰 변화는 생각하는 시간을 갖게 된 것이다.

"저는 생전 처음으로 이 세상을 통찰할 수 있게 되었습니다. 옛날에 소유하려고 했던 것들 대부분이 무가치하다는 것도 알게 되었습니다."

부지런히 독서를 한 결과, 그는 정치에 흥미를 갖게 되었고, 공공 문제를 연구하러 휠체어를 타고 돌아다녔다. 그 과정에서 수많은 사람들을 알게 되었다. 그가 바로 조지아 주 국무담당관 벤 포트슨이다.

나는 지난 35년 동안 뉴욕에서 성인교육에 종사하면서 이상한 사실 하나를 발견했다. 수강생들 중 대부분이 대학교육을 받지 못한 것을 몹시 후회하고 있다는 점이다. 그들은 그것을 자신의 인생의 가장 큰 결점으로 여기고 있었다. 그러나 나는 그렇게 생각하지 않는다. 세상에는 고등학교만 나오고도 성공한 사람들이 얼마든지 있기 때문이다. 그래서 나는 수강생들에게 초등학교도 변변히 다니지 못하고도 성공한 어떤 사람에 관한 이야기를 가끔씩 들려주었다.

✚ 무학으로 뉴욕 주 의원이 된 앨 스미스

그는 가난한 가정에서 자랐다. 부친이 돌아가셨을 때 친구들이 돈을 모아 관을 사줄 정도였다. 부친이 죽고 나서 그의 어머니는 우산 공장에서 하루에 10시간씩 일을 했다. 그러고도 일감을 집으로 가지고 와서 밤 11시까지 계속해야 했다.

이러한 환경에서 자란 소년은 이웃 교회 클럽의 아마추어 연극에 나가게 되었다. 그런데 그것에 재미를 붙여 대중 연설을 하기로 결심했다. 이것이 그에게 정치에 흥미를 갖게 하는 계기가 되어 30세에는 뉴욕 주의 의원에 당선되었다.

그러나 그는 이 직책을 수행하기에는 기초지식이 턱없이 부족했다. 그는 솔직히 모든 일이 오리무중이었다고 내게 털어놓았다. 그는 찬반에 투표를 해야 했고, 길고 복잡한 의안을 읽긴 했지만 도대체 뭐가 뭔지 몰라 알 수가 없었다.

그에게 있어 문서는 촉토족 인디언어로 쓰여 있는 것과 같았다. 그는 숲속에 한 번도 들어가 본 적도 없는데 산림법 위원으로 선출되었고, 은행과 거래한 적도 없는데 주립 은행법 위원회의 위원으로 선출되었다.

그는 끊임없이 번민할 수밖에 없었다. 그가 의원직을 사임하지 않은 것은 어머니에게 쓰라린 패배를 고백하는 것이 부끄러웠기 때문이었다. 절망 속에서 다시 분발한 그는, 하루에 16시간씩 공부하면서 '무지라는 레몬을 지식이라는 레몬주스'로 바꾸려고 애썼다.

그 결과 그는 스스로를 하나의 지방 정치가에서 국민적인 인물로 바꿀 수 있었다. 〈뉴욕 타임스〉는 그를 '뉴욕 가장 인기 있는 시민'이라고 불렀다. 그가 바로 앨 스미스다.

하나의 현이 끊어지면 남은 세 현으로 연주하라

앨 스미스는 독학으로 정치 연구를 시작하여 10년 후에는 뉴욕 주의 정치에 관한 최고 권위자가 되었으며, 네 번씩이나 뉴욕 주지사로 선출되었다. 이것은 누구도 이룩한 적이 없는 기록이다. 1928년, 그는 민주당 대통령후보에 올랐으며, 콜롬비아대학교, 하버드대학교 등 6개 대학교에서 초등학교도 졸업하지 못한 이 사람에게 명예 학위를 수여했다.

만약 앨 스미스가 자신의 마이너스를 플러스로 바꾸기 위해 하루에 16시간씩 열심히 공부하지 않았다면 오늘의 영광은 결코 누리지 못했을 것이다.

니체는 초인超人에 관한 법칙에서 "궁핍은 참고 견딜 뿐만 아니라 그것을 사랑하는 자가 진정한 초인이다"라고 했다.

성공한 사람의 경력을 연구하면 할수록 나는 다음과 같은 사실을 확신하게 된다. 실로 헤아릴 수 없이 사람들이 결점을 지니고 있었기 때문에 성공했다고 말할 수 있었다는 사실이다.

윌리엄 제임스는 '뜻밖에도 우리의 약점이 자극제가 되어 우리를 돕는다'고 말했다.

정말 그렇다. 밀턴은 장님이었기 때문에 더 빼어난 시를 썼으며, 베토벤은 귀머거리였기 때문에 더 훌륭한 음악을 작곡했는지 모른다. 또 헬렌 켈러의 놀라운 생애는 장님과 귀머거리, 벙어리라는 삼중고가 있었기에 자극을 받아 가능했는지 모른다.

만일 차이코프스키가 의기소침해 하지 않고 비극적인 결혼으로 자살 직전까지 이르지 않았다면, 아마도 그는 불후의 명작인 교향곡 〈비창〉을 작곡할 수 없었을지도 모른다.

만일 도스토예프스키나 톨스토이가 고통스런 생활을 하지 않았다면 그들은 아마도 그 불후의 소설을 남기지 못했을지도 모른다.

"내가 만약 심각한 병에 걸리지 않았다면 그처럼 많은 일들을 성취할 수 없었을지도 모른다."

이것은 자신의 약점이 오히려 도움이 되었다는 사실을 고백한 찰스 다윈의 말이다.

다윈이 영국에서 태어난 날, 또 한 명의 갓난아이가 켄터키 주의 숲 속 오두막에서 태어났다. 그 역시 자신의 결점에서 도움을 받았다. 그의 이름은 에이브러햄 링컨이다.

만일 그가 상류 가정에서 자랐더라면 그리하여 하버드대학교에서 박사 학위를 받고 행복한 결혼생활을 했더라면, 게티스버그에서 그가 했던 불후의 연설이 마음속에 떠오르지 않았을지도 모른다. 또한 두 번째 대통령 취임식 석상에서 고귀한 문구를 입에 담지도 못했을 것이다. 그가 언급했던 그 고귀한 말은 "어느 누구에게도 악의를 품지 말며, 만인에게 자애를……"이다.

만약 우리가 의기소침하여 레몬을 레몬주스로 바꿀 의욕을 잃었다고 하자. 이 경우에도 우리는 일단 시도해야만 할 두 가지 이유가 있다. 시도한다면 이득이 될지언정 결코 손해 볼일이 없는 두 가지 이유가 있다.

첫째, 우리는 성공할지도 모른다. 둘째 혹시 성공하지 못한다 해도 마이너스를 플러스로 바꾸고자 한 시도만으로 뒤를 돌아보지 않고 앞을 내다볼 수 있다.

이렇게 마음먹기에 따라 부정적인 생각이 긍정적인 생각으로 바뀐다. 긍정적인 에너지는 창조적인 에너지를 발산시켜 우리를 바쁘게 만들고, 영원히 사라져버린 과거의 일에 얽매어 고민할 시간과 마음을 없애 준다.

세계적으로 유명한 바이올리니스트 올레 불이 파리에서 연주하던 중에 갑자기 바이올린 줄이 끊어진 일이 있었다. 이때 불은 당황하지 않고 세 가닥의 현으로 연주를 무사히 마쳤다.

해리 에머슨 포스딕은 이런 말을 했다.

"하나의 현이 끊어져도 세 개의 현으로 무사히 연주를 끝마치는 것, 그것이 인생이다."

물론 이것은 단순한 그런 인생은 아니다. 어쩌면 인생 그 이상인 것이다. 빛나는 인생인 것이다.

만일 내게 그럴 만한 힘이 있다면, 윌리엄 보리소의 말을 청동에 새겨 모든 초등학교 교실에 걸어 놓게 할 것이다.

"인생에서 가장 중요한 것은 이익을 자본화하지 않는 것이다. 그런 일은 바보라도 할 수 있다. 참으로 중요한 일은 손실에서 이익을 내는 것이다. 그렇게 하려면 지혜가 있어야 한다. 이것이 바로 분별 있는 사람과 어리석은 자의 차이를 만드는 것이다."

우리에게 평화와 행복을 가져올 정신력을 기르기 위한 여섯 번째 법칙은 다음과 같다.

 오늘을 사는 지혜의 물음

1. 만약 운명이 당신에게 레몬을 주었다면 무엇을 하겠는가?
2. 당신은 그것으로 레몬주스를 만들어야 한다.
3. 그리고 가장 좋은 일은 가장 힘들게 온다는 사실을 기억하라.

07 14일 만에 끝내는 우울증 해소법

> 남에게 선행을 베푸는 것은 의무가 아니라 기쁨이다. 그것은 선을 행하는 자의 건강과 행복을 증진시킨다. 남에게 선을 행할 때, 인간은 자기 자신에게 최선을 다하게 된다.

친구를 얻는 법을 배워라

이 책을 처음 쓰기 시작했을 때 '나는 이렇게 고민을 극복했다'라는 제목으로 가장 유익하고 격려가 되는 체험담을 보내 주는 사람에게 상금을 주겠다고 약속했다. 공정한 심사를 위해 권위 있는 심사위원들을 모셨으며, 그 결과, 미주리 주 스프링필드의 버튼 씨가 상금의 주인공이 되었다.

✚ 외톨이에서 친구 부자가 된 버튼 씨

"제가 아홉 살 때 어머니는 가출하셨고, 열두 살 때 아버지가 사고로 돌아가셨습니다. 어머니는 가출한 지 7년 만에 처음으로 편지를 보내왔습니다. 아버지는 어머니가 집을 나간 지 3년 후에 사고로 세상을 떠나셨습니다.

아버지는 거리에서 동업자와 술집을 경영하고 있었는데, 사업차 출장을 떠난 틈을 타 동업자가 술집을 몰래 처분하고 달아나 버렸습니다. 그 소식을 다른 친구에게 전해들은 아버지는 급히 돌아오는 도중 캔자스의 살리나스에서 자동차 사고로 돌아가셨습니다.

당시 제게는 고모가 두 분 계셨습니다. 하지만 두 분 모두 가난하고 건강하지 못할 뿐 아니라 연세마저 많아서 저와 여동생들을 오랫동안 돌봐주기엔 역부족이었습니다. 우리는 부모 없는 고아 취급을 당하는 것이 무엇보다도 두려웠습니다. 그런데 우리가 두려워하던 것이 곧 현실로 나타났습니다. 얼마 후 고모의 형편이 나빠져 우리는 떨어져 지내야만 했습니다. 하지만 계속되는 불경기로 집 주인이 직장을 잃으면서 그 집마저도 떠나야 했습니다. 이번에는 11마일 떨어진 농가의 로프틴 부부가 저를 맡아주셨습니다.

로프틴 씨는 70세의 노인으로 대상포진에 걸려 누워 있었습니다. 그는 제게 거짓말을 하지 않고, 도둑질 하지 않으며, 말을 잘 들으면 이 집에서 계속 살아도 좋다고 했습니다. 그 날 이후 이 세 가지 규칙은 제 좌우명이 되었고, 저는 이것을 철저하게 지켰습니다. 저는 학교에 가게 되었지만 첫 일주일은 집으로 돌아와 어린애처럼 엉엉 울었습니다. 아이들이 코가 크다는 둥, 말을 잘 못한다는 둥, 아비 없는 고아라고 놀리는 바람에 분해서 한바탕 싸울 태세를 하고 있었는데 로프틴 씨가 이렇게 말씀하셨습니다.

'싸움을 하지 않고 그 자리를 피하는 것이 싸움을 하는 것보다 더 큰

용기가 필요하다는 것을 잊지 마려무나.'

저는 되도록 싸우지 않으려고 무척이나 노력했으나 어느 날 한 아이가 학교 뒤 사육장에 있는 닭똥 한줌을 제 얼굴에 던지는 데는 도저히 참을 수가 없었습니다. 저는 그 녀석을 실컷 때려 주었습니다. 이 일을 계기로 몇 명의 친구를 사귀게 되었는데 이들은 그 녀석이 나빴다고 저를 두둔해 주었습니다.

저는 로프틴 부인이 사준 모자가 마음에 들어 그 모자를 언제나 쓰고 다녔습니다. 어느 날 저보다 나이 많은 여학생들이 제 모자를 잡아채어 가더니 물속에 집어넣어 엉망으로 만들어 놓았습니다. 그 여학생은 제게 '너 같은 돌대가리는 물을 적셔야 돼. 머리가 잘 돌게 하려면 말이야 하고 놀렸습니다.

이런 일이 있을 때마다 전 학교에서는 참았다가 집에 돌아와서는 큰 소리로 엉엉 울곤 했습니다. 그때마다 로프틴 부인은 어머니처럼 저를 따뜻하게 감싸 안으며 이렇게 말씀하셨습니다.

'랄프야, 네가 그 애들에게 관심을 가지고 그 애들이 좋아하는 일을 해주면 절대로 너를 괴롭히거나 놀리거나 아비 없는 자식이라고 놀리지 않을 거야.'

부인의 충고 따랐더니 고민과 걱정은 금세 사라지고 적은 이내 친구로 바뀌었습니다. 또 열심히 공부하여 수석 자리를 차지했지만 친구들은 더 이상 저를 시기하지 않게 되었습니다. 될 수 있는 대로 아이들의 비위를 맞춰 주었기 때문입니다.

저는 친구들의 작문 숙제를 도와 주었고, 때로는 연설 원고를 전부

써주었습니다. 한 친구는 저한테 도움을 받고 있다는 사실이 창피해서 자기 어머니에게 쥐를 잡으러 간다는 핑계를 대고 농장에 와서는 제게 뒤떨어진 공부를 보충받곤 했습니다. 또 친구들의 독후감을 써주기도 했으며, 한 여학생에게는 며칠 밤 산수를 가르쳐 주기도 했습니다.

그러던 어느 날 죽음의 신이 우리 동네를 덮쳤습니다. 그로 인해 두 명의 농부가 죽고, 한 명의 여자가 남편에게 버림받았습니다. 네 가구 중 남자라고는 이제 저 혼자뿐이었습니다. 저는 세 명의 과부들을 2년 동안 보살펴 주었습니다. 학교에 오가는 도중에 그분들의 농장에 들려 나무를 베어 주고 우유를 짜주며 가축에게 먹이를 주고 물도 먹였습니다. 그러자 동네사람들은 저를 친구로 대접해 주었습니다.

제가 해군에서 제대하고 돌아왔을 때는 2백여 명의 농부들이 저를 만나러 왔는데, 그중에는 80마일이나 차를 몰고 온 사람도 있었습니다. 그들은 진심으로 저를 환영해 주었습니다. 저는 남을 돕는 것이 마냥 기쁘고 즐거워서 고민 따위를 할 시간이 없었습니다. 그리고 그 이후 13년 동안이나 '아비 없는 자식'이라는 소리를 한 번도 들어 본 적이 없습니다."

버튼 씨 만세! 그는 친구를 만드는 방법을 알고 있었다. 게다가 그는 고민을 극복하고 인생을 즐길 줄도 안다.

남을 위해 봉사하라

워싱턴 주 시애틀의 프랭크 루프 박사도 마찬가지 경우였다. 그는 33년 동안 중풍으로 병상에 누워 지냈다. 이것은 〈시애틀 스타〉 지의 스튜어트 화이트 하우스가 내게 보내온 편지다.

✚ 목적이 이끈 아름다운 삶을 산 프랭크 루프 박사

"저는 그분처럼 이타적이고 인생을 즐기는 사람은 지금까지 보지 못했습니다."

오랫동안 병상에 누워 있으면서 어떻게 인생을 즐길 수 있단 말인가? 이때 두 가지를 추측해 볼 수 있다. 그는 자기 운명을 불평하고 남의 흉을 들추어냈을까? 혹은 자기 연민에 빠져 항상 다른 사람이 자신의 뜻을 받아 주기를 강요하는 데 즐거움을 느꼈을까? 물론 아니다. 그는 영국 황태자와 같은 마음가짐으로 '나는 봉사한다'는 말을 좌우명으로 삼았기 때문에 인생을 즐길 수 있었다.

그는 질병에 시달리는 사람들의 주소와 성명을 알아내어 그들에게 격려 편지를 보냈다. 또 환자들을 위한 펜팔 그룹을 조직해 서로 편지를 주고받게 했으며, 마침내 그 모임은 국제적인 조직으로 자리를 잡았다.

그는 병상에 있으면서 1년에 평균 1만 4천 통의 편지를 쓰고 외출할 수 없는 병자에게는 라디오나 책을 받아볼 수 있도록 주선해, 수천 명에 달하는 환자들에게 기쁨을 주었다.

루프 박사와 일반 사람들의 차이는 무엇일까? 그것은 루프 박사에게는 목적과 사명에 따르는 내면의 열정이 있었다는 점이다. 그는 자기 자신보다도 훨씬 고귀하고 뜻있는 어떤 신념을 가지고 있었으며, 그것을 향해 가는 것을 기뻐했다. 이것은 버나드 쇼가 '세상이 자신의 행복을 위해서는 조금도 힘이 되어 주지 않는다고 날마다 투덜되며 불평하기에 여념이 없는 자기중심적인 소인'이라고 혹평한 사람들과는 정반대의 모습이다.

하루에 한 가지 선행을 실천하라

위대한 정신과 의사인 알프레드 아들러가 발표했던 놀라운 보고서 내용을 살펴보자.

그는 언제나 환자들에게 이렇게 말하곤 했다.

"이 처방대로 하면 14일 만에 반드시 완쾌됩니다. 그것은 매일 어떻게 하면 남을 기쁘게 해줄 수 있을까를 생각해 보는 일이죠."

아들러 박사는 하루에 한 가지씩 선행을 할 것을 주장하고 있다. 선행이란 무엇인가? 예언자 마호메트는 "선행이란 남의 얼굴에 미소를 짓게 하는 행위이다"라고 말했다. 매일 선행을 하는 것, 즉 남을 기쁘게 해주는 일이 어떻게 해서 자신에게 놀라운 영향을 미친다는 것일까? 그것은 남을 기쁘게 함으로써 고민과 공포 그리고 우울증의 원인이 되는 자신의 고민을 생각하지 않게 되기 때문이다.

뉴욕에서 비서학교를 운영하고 있는 윌리엄 문 부인은 자신의 고민을 몰아내기 위해 남을 기쁘게 해주는 방법을 배우는 데 2주일도 걸리지 않았다.

그녀는 아들러 박사보다 한 걸음, 아니 열 걸음 앞서 있었다. 그녀는 14일이 아니라 단 하루 만에 두 명의 고아를 기쁘게 해줌으로써 자신의 고민에서 해방되었다.

✚ 선행으로 남편을 잃은 슬픔에서 벗어난 여자

"5년 전 겨울 어느 날, 저는 슬픔과 자기 연민에 사로잡혀 있었습니다. 남편을 잃었는데 크리스마스가 다가오자 그 슬픔이 더욱 커져만 갔어요. 그동안 혼자 크리스마스를 보낸 적이 없는 제게 다가오는 크리스마스는 두렵기만 했습니다.

친구들이 크리스마스를 함께 보내자고 초대했으나 마음이 내키지 않았습니다. 우울증을 떨쳐 내려고 크리스마스 전날, 저는 오후 3시에 사무실을 나와 정처 없이 5번가를 거닐고 있었습니다. 거리에는 군중들로 가득차 있었으며 그들은 모두 행복해 보였습니다. 그 광경을 보자 지난날의 즐거웠던 추억이 되살아났습니다.

그러자 텅 비어 있는 쓸쓸한 아파트로 돌아갈 생각만 해도 견딜 수가 없었습니다. 저는 어떻게 해야 할지 몰라 당황스러웠고, 눈물이 끊임없이 흘러내렸습니다. 한 시간 남짓 정처 없이 헤매다가 문득 정신을 차려 보니 버스 종점에 와 있었습니다.

저는 문득 남편과 함께 무작정 버스를 타고 모험을 즐겼던 생각이 났습니다. 버스를 타고 허드슨 강을 건너 한참을 갔는데 차장이 '부인, 종점입니다'라고 말했습니다.

저는 버스에서 내렸습니다. 그곳이 어딘지는 알 수 없었으나 조용하고 평화로운 곳이었습니다. 되돌아갈 버스를 기다리는 동안, 저는 주택가를 거닐었습니다. 교회 앞을 지나는데 '고요한 밤, 거룩한 밤'이라는 아름다운 음악이 흘러나왔습니다.

저는 음악이 흘러나오는 곳을 따라 안으로 들어갔습니다. 그리고 오르간을 치는 사람 옆에 조용히 앉았습니다. 화려하게 꾸민 크리스마스트리에 달린 꼬마전구와 장식들이 반짝이고 있었고, 은은하게 퍼지는 음악 소리에 그만 저는 잠에 빠져들고 말았습니다. 눈을 떴을 때 한동안 제가 어디에 와 있는지 알 수가 없었습니다. 눈을 떠보니 두 아이가 제 곁에 서 있었습니다.

이때 한 여자아이가 저를 가리키며 '산타 할아버지가 데려 왔나 봐!' 하고 다른 아이를 안심시켰습니다. 아이들은 낡은 옷을 입고 있었습니다.

'아빠 엄마는 어딨니?'라고 물었더니 '우린 엄마아빠가 없어요'라고 대답하더라고요. 거기엔 저보다도 훨씬 가엾은 두 어린 고아가 있었던 것입니다.

그 아이들을 보니 제 슬픔이 부끄러워졌습니다. 저는 아이들에게 크리스마스트리를 구경시켜 주고 가게에 데리고 가서 캔디와 선물을 사주었습니다. 그러고 나니 제 쓸쓸한 마음은 마법처럼 사라졌습니다.

이 두 명의 고아는 몇 달 만에 처음으로 제게 행복을 느끼게 해주었습니다. 그들과 이야기를 나누는 동안 제가 얼마나 행복한 사람인가를 깨달을 수 있었습니다. 저는 제 어린 시절의 크리스마스가 부모님의 사랑 속에서 빛났던 것을 하나님께 감사했습니다.

두 명의 아이들은 제가 그들에게 준 것보다 훨씬 더 많은 것을 제게 주었습니다. 이 경험으로 저는 스스로 행복하게 하기 위해서는 먼저 남을 행복하게 할 필요가 있다는 사실을 알게 되었습니다."

남을 돕고 사랑할 때 우리도 치유될 수 있다

행복은 주고받을수록 전염된다. 남을 돕고 사랑을 베풀 때 자신의 고민과 슬픔과 자기 연민에서 벗어날 수 있다. 나는 한 권의 책을 쓸 수도 있을 만큼 건강과 행복을 되찾으면서 자신의 불행한 상황을 잊게 된 사람들의 이야기를 책으로 엮을 만큼 많이 알고 있다.

예를 들어, 미국 해군에서 가장 인기가 높은 마거릿 테일러 예이츠의 경우가 그러하다.

예이츠 부인은 소설가다. 하지만 그녀의 어떤 소설보다도 일본군이 진주만을 공격했던 그날 아침에 그녀에게 일어났던 실화가 훨씬 더 흥미진진하다.

예이츠 부인은 심장이 좋지 않아 1년 전부터 자리에 누워 있었다. 그녀는 하루 중 22시간을 침대에서 보냈다. 일광욕을 위해 정원으로 나오는 것이 그녀에게는 최대의 여행이었다. 그때도 다른 사람의 부축을 받아야만 가능했다. 당시 그녀는 죽을 때까지 환자로 살아가야 할 것이라고 생각했다. 다음은 그녀의 이야기다.

✚ 남을 돕다가 병이 완쾌된 예이츠 부인

"만일 일본군이 진주만을 공격해서 나의 생활을 뒤죽박죽 흩뜨려 놓지 않았다면 지금처럼 새로운 생활을 시작할 수 없었을 거야. 세상이 온통 혼란에 빠져 질서는 찾아볼 수 없었어. 폭탄이 집 근처에 떨어지는 진동으로 나는 침대에서 굴러 떨어졌지. 군용 트럭이 육해군 가족들을 학교로 피신시키기 위해 히컴 비행장과 스코필드 기지로 급히 가고 있었어. 적십자사는 피난민을 수용할 수 있는 여분의 방을 가진 사람들에게 전화를 걸고 있었지. 적십자 직원들은 내가 침대 곁에 전화를 두고 있다는 것을 알고는 내게 정보 교환소 역할을 해달라고 부탁했어. 나는 곧바로 육해군 군인 가족들이 어디에 수용되어 알아보았지.

군인들은 적십자사로부터 가족 소식을 내게 문의하도록 지시받았어. 이때 나는 남편인 로버트 랄레이 예이츠 함장이 무사하다는 것을 알게 되었지. 나는 병사의 안부를 걱정하는 가족들을 격려하는 한편, 전사자들의 가족을 위로하기 위해 무척이나 애를 썼어. 그 전투로 2,117명의 해군장병이 전사하고, 960명의 행방불명되었지.

처음에 나는 침대에 누운 채 전화를 받았으나 너무 바쁜 나머지 아픈 몸이라는 사실마저 잊어버리고 책상 앞에 앉아 있었어. 나보다도 더 가엾은 사람들을 도와야겠다는 생각에 나에 대한 것은 모두 잊고 있었던 거야. 그 후로 잠 잘 때 외에는 침대에 누워 본 적이 없었지.

만일 일본군이 진주만 공격을 하지 않았더라면 아마도 나는 남은 이 인생을 환자로 살면서 폐인이 되었을 거야. 침대 생활이 그다지 고통스럽지 않았으며, 간병인이 도와주었으니까 말이야. 지금 생각해 보면 침대 생활이 편했기 때문에 나 자신도 모르게 재기의 의지를 잃고 있었는지도 몰라.

진주만 공격은 미국 역사상 최대 비극 중 하나였지만, 내 개인적으로는 매우 중요한 사건이었지. 그 무서운 위기는 내가 갖고 있으리라고는 꿈에도 생각지 못한 내 내면의 힘 끌어내 주었어. 또한 내 개인적인 고민을 잊게 해주었으며, 남에게 주의를 집중하게 했지. 내가 살아가는 데 가장 소중한 목적을 부여해 주었던 거야. 이제 내게는 자신의 일에 대해 생각하거나 걱정할 시간이 없어져 버렸지."

행복한 이기주의자가 돼라

정신과 전문의를 찾는 사람들의 3분의 1은, 마거릿 예이츠가 한 대로 한다면 아마 완쾌될지도 모를 일이다. 단 남을 돕는 데 관심을 쏟으면 말이다. 이것은 내 의견이 아니라 칼 융이 한 말이다.

"내 환자의 3분의 1은 임상적으로는 진짜 신경증이 아니다. 그들은 인생의 공허와 무감각이 원인이 되어 그렇게 병을 앓게 된 것이다."

다시 말하면 그들은 엄지손가락으로 인생이라는 기차를 공짜로 태워 주기를 기대하지만 기차는 그것을 무시하고 지나쳐 버린다. 그래서 그들은 그 인색하고 무감각한 인생을 질질 끌고 정신병원을 들락거리는 것이다.

기차를 놓치고 언덕에 서서 자기 이외의 모든 사람들을 욕하고, 당연히 세상이 자기중심적인 욕망을 만족시켜 주어야 한다고 주장하고 있다.

당신은 지금 혼잣말로 이렇게 얘기할지도 모른다.

"그런 이야기에는 아무런 관심도 없다. 아마 나도 크리스마스 이브에 고아를 만나면 관심을 보였을 것이다. 또 그때 내가 진주만에 있었더라면 마거릿 예이츠와 같은 일을 했을 것이다. 그러나 내 경우는 그녀들과는 다르다. 나는 평범한 생활을 하고 있다. 하루에 여덟 시간씩 지루한 일에 종사하고 있기에 극적인 일은 조금도 일어나지 않는다. 어떻게 하면 남을 돕는 데 흥미를 갖게 될까? 그리고 왜 그렇게 해야 하는가? 그렇게 한다면 나에게 어떤 이익과 보상이 돌아올까?"

물론 당연한 질문이다. 이제 이 말에 답을 해보겠다. 당신의 생활이 아무리 평범하다 할지라도 매일 누군가를 만날 것이다. 그들에게 어떤 행동을 취하고 있는가? 가만히 지켜볼 뿐인가? 그렇지 않으면 그들에게 관심을 갖고 대하고 있는가?

우편배달부를 예로 들어보자. 그는 매일 몇 십 킬로미터를 걸어서 집집마다 우편물을 배달해 주고 있다. 당신은 한 번이라도 그에게 어디에 살고 있는지, 직업병은 없는지, 일은 지루하지 않은지, 몸은 피곤하지 않은지 물어본 일이 있는 가? 식료품 가게 점원이나 신문 배달원, 구두 수선공들에게는 어떤가? 그들도 고민, 꿈, 야망으로 가슴이 부풀어 있는 사람들이다. 이들 또한 누군가에게 가슴 속에 품고 있는 것들을 털어 놓을 기회를 찾고 있다. 그런데 당신은 그들에게 조그마한 기회를 준 적이 있는가? 그들이나 그들의 생활에 대해 진심으로 관심을 가져 본 적이 있는가? 나는 지금 그런 뜻으로 말을 하고 있는 것이다.

세계를 변화시키기 위해 노력해서 나이팅게일이라든지 사회 개혁자 같은 사람이 되어야 한다는 말을 하는 것이 아니다. 극적인 일을 기대하기 전에 당신이 먼저 당장 내일 아침에 거리에서 만나는 사람들부터 시작하면 되는 것이다. 그러면 당신에게 어떤 보답이 돌아오는가? 더 큰 행복! 더 큰 만족과 자부심이 생길 것이다! 아리스토텔레스는 이런 태도를 가리켜 '계발된 이기주의'라고 불렀다. 또 조로아스터교는 "남에게 선행을 베푸는 것은 의무가 아니라 기쁨이다. 그것은 선을 행하는 자의 건강과 행복을 증진시킨다"라고 말했다. 벤자민 프랭클린은 이를 간단히 요약하여 "남에게 선을 행할 때, 인간은 자기 자신에게 최선을 다하는 것이다"라고 했다.

"근대 심리학에서 발견 중에서 자아실현과 행복에 있어서 자기희생과 규율의 필요성을 과학적으로 실증한 것만큼 중요한 발견은 없다."

이는 뉴욕의 심리학 센터의 관장 헨리 링크가 그의 저서에서 한 말이다. 타인에 대한 배려는 자기 자신의 고민에서 스스로 구출할 뿐 아니라 많은 친구들을 얻게 한다. 이에 대해 언젠가 예일대학교의 윌리엄 라이언 펠스 교수에게 어떤 방법을 사용했는지 물었더니, 그는 이렇게 대답했다.

"호텔이나 이발관, 그밖에 상점에 들어갈 때는 그곳에서 만나는 사람들에게 항상 상냥하게 말을 건넵니다. 그들을 기계 속의 부속품으로 보지 않고 하나의 인간으로 대하는 것입니다. 상점의 여점원에게 눈이 아름답다든지, 머릿결이 곱다든지 이발사에게는 하루 종일 서 있어야 하니 다리가 무척 아프겠다는 인사를 건넨다든지 혹은 지금까지 몇 사람이나 머리를 깎아 주었는지 물어봅니다. 누구든지 자신에게 관심을 보이면 기분 좋은 법이니까요. 저는 짐을 날라준 사람에게 악수를 청합니다. 그렇게 하면 그는 하루 종일 유쾌한 기분으로 일에 열중 할 수 있을 것입니다."

남에게 기쁨을 주는 일을 계획하라

남자 독자라면 아마 이번 이야기는 별로 재미가 없을 수도 있다. 이것은 숱한 고생을 겪은 불행한 소녀가 어떻게 해서 수많은 남성에게서 청혼을 받게 되었는지에 대한 이야기다. 지금 이 소녀는 할머니가 되었다. 몇 해 전에 그곳에 강연을 갔다가 이 노부인 집에 초대받았던 적이 있다. 우리는 어떻게 하면 친구를 많이 사귈 수 있는지에 관해 대화를 나누었는데 그녀는 "카네기 씨, 제가 누구에게도, 심지어 남편에게도 하지 않은 이야기를 들려드리지요"라며 들려 준 이야기다.

✚ 상대방에게 관심을 가져 청혼에 성공한 소녀

"저는 필라델피아의 사교계 인명록에까지 올라있는 가정에서 태어났지만 소녀시절부터 가장 슬펐던 것은 집이 가난하다는 것이었어요. 그런 까닭에 친구들처럼 화려한 파티를 집에서 열 수 없었고, 복장은 언제나 초라했으며, 그것마저도 몸에 비해 작거나 유행에 뒤쳐진 옷들뿐이었지요. 저는 그것들이 부끄럽고 창피해서 밤이면 자주 울곤 했답니다. 그렇다고 절망만 하고 있을 수는 없었어요. 그래서 생각해 낸 것이 만찬회에서 파트너에게 그의 경험이나 의견, 장래에 대한 계획을 질문하기로 맘먹었어요. 그렇다고 제가 파트너에게 특별히 관심이 있었던 것은 아니에요. 다만 파트너가 제 초라한 모습을 보지 못하게 하려는 것이 목적이었지요. 그런데 신기한 일이 일어났어요. 그 사람들과 대화를 하면서 몰랐던 것을 알게 되자, 그들에게 흥미를 가지게 되었고, 저의 보잘 것 없는 차림새도 잊어버리게 되었답니다. 그리고 깜짝 놀랄 만한 일이 일어났어요. 제가 남의 이야기를 흥미를 가지고 잘 들어주니 말하는 쪽도 즐거운 기분을 갖게 되었고, 그 결과 저는 사교계에서 가장 인기 있는 여성이 되었답니다. 결국 세 명의 청년에게서 청혼을 받게 되었지요(여성 독자 여러분은 이 방법을 꼭 실천해 보라). 더 놀라운 것은 그들의 이야기를 듣고 그들에 대해 차츰 알게 됨에 따라 저는 그들의 이야기에 흥미를 느끼게 되어 제 자신의 초라한 모습 같은 것은 완전히 잊어버리고 말았지요."

당장 시작하라

이 책을 읽는 독자들 중에는 이렇게 말하는 사람이 있을지 모른다.

"남에게 관심을 가지라는 주장은 잘못된 것이다. 아첨꾼의 사탕발림이다. 나는 싫다. 나는 돈벌이가 제일이다. 나는 취할 수 있는 것은 뭐든지 취하자는 주의다. 그런 공염불 따위는 관심도 없다고!"

그러나 드라이저는 그리스도가 말한 '타인에게 봉사하라'는 위대한 교훈을 지지하며 다음과 같이 말하고 있다.

"인간이 짧은 인생에서 기쁨을 찾으려거든 자기보다도 타인에게 기쁨을 주는 일을 생각하고 계획해야 할 것이다. 왜냐하면 자기의 기쁨이 그들 속에 있고, 그들의 기쁨은 그 자신 속에 이어져 있기 때문이다."

만일 우리기 드라이저의 주장과 같이 '남을 기쁘게 하기 위해' 노력하고 싶다면 지금 당장 시작해야 한다. 시간은 지금도 쉬지 않고 지나간다.

우리는 인생을 두 번 살 수 없다. 따라서 행할 수 있는 선행, 자신이 베풀 수 있는 친절은 지금 당장 실천해야 한다. 망설이거나 게을러서는 안 된다. 우리는 이 길을 두 번 다시 걸을 수 없을 테니까.

고민과 걱정을 몰아내고 평화와 행복을 누리고 싶어하는 사람들을 위한 일곱 번째 법칙은 다음과 같다.

> **❓ 오늘을 사는 지혜의 물음**
>
> 1. 행복해지고 싶은가?
> 2. 타인에게 관심을 가짐으로써 자기를 잊어버려라.
> 3. 매일 누군가의 얼굴에 미소가 떠오르도록 선행하라.

행복한 나를 위한 7가지 비결

1. 우리의 마음을 평화와 용기와 건강과 희망에 대한 생각으로 가득 채워라. 우리의 생각이 우리의 인생을 만들기 때문이다.

2. 적에게 보복하지 마라. 오히려 사랑하고 축복하라. 적에 대한 보복은 적보다 자기 자신에게 더 많은 상처를 줄 뿐이다.

3. 은혜를 모른다고 화내지 마라. 그리스도는 10명의 나병 환자를 고치고, 오직 한 명의 환자에게서 감사의 말을 들었다. 우리가 그리스도 이상으로 감사받기를 원할 수 있겠는가?

4. 행복을 발견하는 유일한 방법은 감사를 기대하지 않는 것이다. 감사하는 마음은 길러질 수 있다. 자녀들이 감사하는 생활을 하기 원한다면 그렇게 되도록 어려서부터 가정에서 교육시켜야 한다. 감사는 깊은 사랑의 다른 이름이다.

5. 고민의 수 대신 받을 축복을 수를 헤아려라.

6. 남을 모방하지 마라. 자신을 발견하고 자기 자신이 되어라.

7. 운명이 레몬을 선사하면 그것으로 레몬주스를 만들어라.

8. 남의 행복을 위해 노력함으로써 당신의 불행은 잊어버려라. 당신이 남에게 도움이 될 때, 당신은 자신에게 최상의 도움을 주는 것이다.

데일 카네기
행복의 연금술

데일 카네기 지음
이동연 편역

발 행 일 초판 1쇄 2009년 10월 26일
발 행 처 평단문화사
발 행 인 최석두

등록번호 제1-765호 / 등록일 1988년 7월 6일
주   소 서울시 마포구 서교동 480-9 에이스빌딩 3층
전화번호 (02)325-8144(代) FAX (02)325-8143
이메일 pyongdan@hanmail.net
ISBN 978-89-7343-311-7 03320

ⓒ 평단문화사, 2009

* 잘못된 책은 바꾸어 드립니다.

이 도서의 국립중앙도서관 출판시도서목록(CIP)은 e-CIP 홈페이지
(http://www.nl.go.kr/ecip)에서 이용하실 수 있습니다.
(CIP제어번호: CIP2009003161)

저희는 매출액의 2%를 불우이웃돕기에 사용하고 있습니다.